JN200859

ブリタニー・ポラット　花塚恵 訳

人生の教科書ストイシズム

STOIC

Journal Like a Stoic

A 90-Day Stoicism Program to Live with Greater Acceptance, Less Judgment, and Deeper Intentionality

ダイヤモンド社

Journal Like a Stoic

by

Brittany Polat, PhD

Published in the United States by Zeitgeist, an imprint of Zeitgeist™,
a division of Penguin Random House LLC, New York. penguinrandomhouse.com
Zeitgeist™ is a trademark of Penguin Random House LLC
Illustration © clu/DigitalVision Vectors via Getty Images

This edition published by arrangement with Zeitgeist, an imprint of Zeitgeist™,
a division of Penguin Random House LLC through Tuttle-Mori Agency, Inc., Tokyo

哲学は魂をかたちづくり、構築する。
そして人生に秩序をもたらし、平素の行いを導き、
すべきことと何もせず放っておくべきことを教えてくれる。
不安のなかで迷いが生じても、哲学が舵を取り、
進むべき方向を指し示してくれる。
哲学なしに、恐れを感じず心穏やかに生きていける人はいない。
いつなんどきも、助言を必要とする出来事は無数に起こる。
そのようなときに、助言を求める相手が哲学なのだ。

——セネカ『ルキリウスに宛てた道徳書簡集』（書簡16・3）

INTRO DUCTION

「毎日1つずつ」成長する

私が大学進学のために実家を出る前日のことだ。祖母は私に、彼女らしいウイットをきかせた餞別（せんべつ）の言葉をくれた。

「魔法の豆を売ってあげると言われても、買っちゃダメよ！」

私は意味がよくわからず、「それっておとぎ話に出てくるやつだよね？」などと思ってとりあえず笑っておいたが、実家を離れてから、何度もその言葉が頭に浮かんだ。

私はずっと、幸せになるには、いい場所に住んだり、いい見た目を手に入れたり、いい仕事に就いたりすればいいと思っていた。

しかし、そういう外面的な成功を手にするたびに、幸せは私の手からこぼれ落ちていった。

そのうち、どんな問題も解決してくれる魔法の万能薬は存在しないのだと悟った。

うますぎる話やそういう話を持ってくる人には懐疑的になるべきだということも、

経験を通して知った。

そうしていつしか、人生とは努力をして、適切な判断を積み重ねていくことで初めて充実するのだと思うようになった。

よい人生のためのシステム

私がストイシズム（ストア哲学）について知ったのは、実家を出てから15年ほどが過ぎたころで、そのときに真っ先に浮かんだのが祖母のことだった。

彼女の言っていた「魔法の豆」というのは、こういうもののことなのだろうかと思ったのだ。

当時の私は、人生の転機を乗り越えるにはどうすべきか、その答えを探し求めていた。なにしろ、転職、別の州への引っ越し、三人のわんぱく盛りの幼子を抱えていたのだ。

ウェブで「知恵に関する本」と検索すると、ウィリアム・B・アーヴァインの『よい人生のガイド――ストイックな喜びについての古（いにしえ）の教え』（邦訳は『良き人生について』白揚社）という本が目についた。**「ストイックな喜び」とは何なのか？** 私は興味を引かれた。

さらに調べていくと、ストイシズムのありとあらゆる効用をうたった書籍が何冊も見つかった。この2000年前の哲学を理解すれば、知恵と幸福と平静が自分のものになるという。

それはうますぎる話のように思えたが、あまり予断は持たないようにしつつ、それらの本を注文した。

ストイシズムについて読み進めていくと、これはおとぎ話のような自己啓発の類いではないとわかった。そうではなく、非常に示唆に富み、社会にしっかりと定着した、よい人生を送るためのシステムだ。

ストイシズムには、人生の意味を見出そうとする人や苦難に耐える人を助けてきた長い歴史がある。

具体的には、**「目的」と「意志」を備えた人生にするための手段**として2000年以上にわたって試され、その効果が実証されてきた。

ストイシズムは、ある意味、「魔法の豆」の対極をなすものだった。

ストイシズムの原則にのっとったストイックな生き方には、自制と内省が必要になる。要は大変なのだ。

90日続ければ、一生が変わる

ストイックな生き方の恩恵にあずかりたいなら、数々の内省を行う必要がある。そこで本書では、90日にわたってストイシズムの教えを学び、自らの考えや決断を探究できるようにした。

この作業には大きな意味がある。ストイシズムを実践していると、「**日々の生活から負の感情が減り、活力を強く実感するようになる**」と研究で実証されている。そうしたメリットの享受は私自身も経験ずみで、実践していくうちに私はストイシズムを強く支持するようになっていった。

入手できたストイシズムに関する本は、片っ端から読んだ。それからウェブサイトを開設し、ストイシズムと子育てをテーマに著作を執筆し、世界に広がるストイシズム支持者のコミュニティに飛び込んだ。「モダンストイシズム」と「ストイックフェローシップ」という、ストイシズムを世界に広めることを目的とした2つの非営利団体を通じて活動を行うようにもなった。

近年では非営利団体の「ストイケア」を新設し、ストイシズムによる知恵、幸福、コミュニティ、思いやりを広めることに力を注いでいる。

ストイシズムには、あなたの揺るぎない拠(よ)りどころとなって、自分自身の人生を受け入れ、その人生に満足できるよう導く力がある。

困ったことに、あなたが望んでいることについてじっくりと考え、望みに従ってどう生きるかを決めることができるのは、あなたしかいない。

「平静」な心で「目的」を携えて生きていけるかどうかは、人の内面にかかっている。

そういう生き方を手にするのに、魔法の豆は必要ない。

この本の使い方
――「毎日1つずつ」成長する

本書は2部構成になっていて、ストイシズムの背景知識を学ぶパートと、ストア哲学者たちの言葉を参照しながら90日にわたって自分の考えを探究するパートに分かれる。

PART1では、ストイシズムの核となる原則や発展の経緯を学ぶ。処世訓を与えてくれる歴史上の人物について知り、ストイシズムが実践的な人生哲学とみなされている理由を感じ取ってもらいたい。

PART2では、ストイシズムの教えをあなた自身で探究する。一日ごとに短くまとまった古代の知恵を振り返りながら、その教えを現代に生きる私たちの問題に当てはめるとどうなるかを考えるのだ。そうしてそれぞれの教えの意味をじっくりと思案したうえで、あなた自身の人生にどう適用するかを記録する。

PART2は左記に示す3つの章に分かれる。各章を通じて、ストイシズムを日々実践するうえで欠かせない要素を学んでもらう。

第1章：**心の声に耳を傾ける**。この章では、「明晰さ」と「勇気」を育むことで、自分自身と自分の思考との関係をよりよいものにする。

第2章：**受け入れる**。この章では、自分の人生をありのままに受け入れるとともに、新たな課題が現れるたびに適応し、この美しくも予測不能な世界を受け入れる力を手に入れる。

第3章：**美徳とともに生きる**。この章では、新たに学んだ知恵を確実に自分のものにし、心の平静と目的に対する意識を高め、内面の強さと優しさを引き出す。

90日にわたって思考を続けた暁には、批判は控え、強い意志を持ち、広い心でものごとを受け入れる生き方を歩み始めていることだろう。

さらに、理論、実践を問わず、ストイシズムの探究を続けるのに必要なツールをすべて手にしているはずだ。

「決まった時間」に記録する

▼1.「順序」を守る

3つの章は、わかりやすいレッスンから段々と難易度が上がっていくように設定されている。内省を促すという意味ではどの課題も同じだが、最初のほうの課題に取り組むことで、難易度の高い後半の課題に取り組む準備が整う。よって、課題には本書で提示されている順番で取り組んでもらいたい。

▼2.「規則性」を持たせる

それぞれの課題は、日課として取り組むのが望ましい。課題に向き合う時間と場所を決めて、毎日が難しい場合でも、週に数回は取り組むのが理想だ。

それが無理ならできる範囲でかまわないが、規則性を持たせて取り組むほうが、日常生活への効果は大きくなるということは覚えておいてほしい(可能であれば、毎回同じペンで記録する。時間や場所をつねに同じにできなくても、ペンが同じであれば、記録するという行為に多少なりとも規則性が加わる)。

▼3.「自分を知る」ために書く

課題に取り組むための、専用のノートを用意する。そのノートは、あなたの心理的な成長や精神的な成長の記録となる。

長い文章を書こうとする必要はない。記録の目的はあくまでも、心のなかにあることを言葉にし、内省することにある。文字数のことは忘れて、文字にしていくプロセスにしっかりと向き合ってほしい。

▼4.「予定」に組み込む

課題の効果を最大限に高めたいなら、記録する時間を一日のスケジュールに組み込むといい。記録する時間が決まっていれば、内省に集中する頭に切り替えやすくなり、記録がより楽しく有意義なものになる。

静かに自分を顧(かえり)みるのに適した居心地のいい場所を見つけよう。考えがはかどるなら、コーヒーやお茶、水などを用意するのもいいだろう。

STOIC

人生の教科書ストイシズム　目次

INTRODUCTION

PART 1

ストイシズムとは何か？

PART 2 ストイックに生きる

第1章

EXAMINING THE INNER CRITIC

心の声に耳を傾ける

第2章

THE ROAD TO ACCEPTANCE

受け入れる

第3章

LIVING WITH VIRTUE

美徳とともに生きる

※本文中の〔 〕は訳注を表す。

PART 1

ストイシズムとは何か?

PART1では、ストイシズムの起源やその土台をなす考えを探っていく。

たとえば、「船の難破」がきっかけで哲学に革命が起きたことをご存じだろうか。

ほかにも、「4つの美徳」を実践することが、思考を明晰にし、自信を育み、他者を思いやる余裕を生むことにどうつながるのか、地上最強の人物が卑しい元奴隷の言葉を学んだのはなぜか、といったことも明らかにする。

PART1を読み終えたときには、ストイシズムが万人のための哲学であることに納得し、実践に移る準備が整っているはずだ。

本当の意味での「人生の哲学」

ストイシズムは、本当の意味で人生の哲学だと言える。

この哲学を日々の生活の基盤とすれば、「キャリアの選択」から「夕食を何にするか」まで、**ありとあらゆる決断を正しい方向に導けるようになる。**それに、この変化の激しい時代にあっても、地に足をつけて人生を歩んでいけるようになる。

ストイシズムは「論理学」「倫理学」「自然学」という相互に関わりあう3つの分野を通じて、自分自身の理解、他者との関係の理解、そして宇宙の理解を促す。

また、ストイシズムは、私たちを内面の豊かさに引き戻し、自分でコントロールできることに意識を向かわせてくれる。その意味で、ほかの哲学とはまったく違ったかたちで、人生の目的や生き方を理解させてくれる。

それでは、3つの分野とはそれぞれどういうもので、よい人生を送るうえでどう役立つかを簡潔に見ていこう。

▼論理学――明晰に考えられる

何が真実で、何が真実でないかはどのようにして知るのか?

何かについて議論するときの最善の方法はどういうものか？

これらの問いは、古代のストア哲学者たちが問答したものの一部だ。ストイシズムの論理学は、私たちが行う合理的な思考活動の多くを網羅している。

いまは、論理がかつてないほど重要な時代である。誰だって、自分を取り巻く世界のことで騙されたくはないし、間違いを事実だと誤って信じたくもない。たとえば、究極の睡眠のとり方を指南する記事を読んだとして、それが事実だとどうしたらわかるのか？

ある考え――「新しい台所グッズを買おう」――が衝動的に頭に浮かんだとして、**それがいい考えかどうかをどうやって判断すればいいのか？**

ストイシズムの論理学は、他者の意見や、自分で頭に描いた意見を評価するときに役立つ。ものごとを明晰かつ正確に考えるようになり、自分が掲げる信条や目標にかなう賢明な判断を下せるようになるのだ。

▼倫理学――どんな相手ともうまく付き合える

ストイシズムを追究したストア哲学者たちは、人間は理性的で社会的であるという信念のもとに倫理学を構築した。

人は、**他者とうまく交流できたときに最大の幸福を得る。**

そのためストイシズムでは、相手の態度とは関係なく、自分は相手に忍耐、思いやり、寛容を示すべきだとされる。

ストイシズムは、相手がどんな人——身勝手な人、一緒にいるとイライラする人、誤解されやすい人——でも心の平静と自由を保てる接し方を教えてくれる。

▼自然学——畏怖の念を育む

古代のストイシズムでは、自然界や宇宙に関する学問のことを自然学と呼んだ。

当時、宇宙には気息(プネウマ)というものが満ちていて、人間、動物、植物、地球といった太陽の下に存在するもののすべてが神聖な結びつきにあずかると信じられていた。

古代のストア哲学者たちが実際に残した言葉に目を通すと、宇宙的自然を美しく感動的に表すさまざまな言い回しに出くわす。

現代では、自然は神聖で理性的で摂理に満ちているという古代の信念を共有するストア哲学者もいれば、先人の言い回しを、あらゆるものは相互につながっているということを示す比喩的な表現として受け止めている哲学者もいる。

自然を神聖なものと解釈するかどうかはさておき、自然界について考えることを通じて、**畏怖や驚嘆、感謝の念を育んでもらいたい。**

ストイシズムの「4つの美徳」

人生は、何をもってよい人生となるのか？　古代のストア哲学者たちは、その答えは「美徳」であると信じていた。要は内面的な素晴らしさのことだ。

自分の内面の糧となるもの――ものの見方、品性、道徳的判断――の充実に意識を向けると、深淵で濃密で永続的な幸福感のスイッチが入る。

また、どれほど信じがたいことが自分の身に起きても、**美徳に則した行動をとっていれば、平静と目的を見出すことができる**。この理想を現実にするには時間と労力を要するが、忍耐と努力によって、誰もが必ず実現できる。

美徳を味気ないものや拘束的なものと思うのは大間違いで、それは人間が成しえることの頂点を表す。

最高の自分を引き出す潜在能力はどんな人にも備わっていて、その力は次の4つの基本的な美徳を育むことで発揮される。

▼1．知恵――うわべにとらわれない力

生きていれば必ず選択を迫られる場面に直面するが、知恵があると、心の奥底にあ

る願望や意志を踏まえて決断を下せるようになる。

知恵は、重要なものや争う価値があるもの、引くべきときや進むべきときを教えてくれる。また、知恵はものごとの本質を掘り下げることを促すので、うわべにとらわれず、限りある時間とエネルギーを有意義なことに向けられるようにもなる。

▼2.正義——他人に思いやりを持つ力

ストイシズムの文脈において、正義は「他者への接し方」で語られる。

具体的には、他者に対して敬意をもって接し、よき手本となる行動を示すとともに、人（自分自身を含む）のあいだに優劣は存在しないとの認識を持つことだ。

この正義の原則に従うと、公平で中立的な姿勢や態度になり、場面に応じて寛容さや慈悲の心を示すようにもなる。

また、他者に対して大げさな態度や自己中心的な態度、偏見をあらわにする態度をとらなくなり、自分のことばかり考えるのをやめて、人間全体に共通する経験を意識するようにもなる。

ストイシズムを学ぶことで、かけがえのない親友から世界の反対側にいる人まで、他者のことをより深く思いやれるようになるのだ。

▼3．勇気――苦難に立ち向かう力

ストイシズムの勇気には、思考、肉体、精神を困難に耐えうるものに鍛えることがともなう。古代に残された言葉を借りるなら、「勇気にとって重要なのは、立ち向かう力」だ。

たとえつらくても、試練を乗り越えることができるか？　辛苦に耐え、必要であれば過酷な課題を引き受け、味方が一人もいなくても信念を貫き通せるか？

ストイシズムでは、こうした問いとの距離を縮めることから勇敢な人生が始まる。

▼4．節制――衝動を抑える力

節制は、衝動をコントロールして適度な範囲に留めることを意味する。

この美徳に従うと、表層的な誘惑（肉体的な快楽、報酬、権力、名声）に向かう欲望が消え、内面の充実（自制心や卓越した忍耐）を求めるようになり、永続的な豊かさを享受できる。

節制を重視するからといって、人生におけるすべての喜びをあきらめることにはならない。それどころか、「倫理的で高潔な人間になる」といった真に価値のあることに、大きな喜びを見出せるようになる。

満ち足りた人生を送る方法

古代ギリシアのアテナイは哲学が開花した地で、古典期と呼ばれる時代（紀元前5～紀元前4世紀）には、世界に関する根本的な疑問についての意見がいたるところで飛び交っていた。

哲学者たちが公共の場に集い、議論を戦わせて互いの意見を取り入れ合ったりしているうちに、数百年にわたる哲学のイノベーションの連鎖が起きた。

たとえばソクラテスに学んだプラトンはアリストテレスを弟子にし、プラトンとアリストテレスはそれぞれ、独自の哲学的思想にもとづく学校を設立した。

この創造の時代から、やがてヘレニズム時代（紀元前323年～紀元前30年）に移ると、哲学者たちは「エウダイモニア」、すなわち「豊かさをもたらす幸福」への最善の道筋について論争を繰り広げるようになる。

深い探究と公共の場での議論が活発に行われるなか、キティオンのゼノンが、紀元前300年ごろにストイシズムの教義を確立した。

ストイシズムという名称は、ゼノンが講義をする場として好んで使っていたストア・ポイキレ（彩色柱廊）に由来する。

ゼノンはほかの哲学者たちと違い、「美徳は幸福にとって必要かつ十分なもの」だと説いた。

要するに、物質面での条件にかかわらず、**人は高潔であれば満ち足りた人生を送れる**というのだ。

ゼノンはアテナイで多くの尊敬を集め、彼のもとへ集まってくる献身的な弟子が生涯あとを絶たなかった。ゼノンが記した書物はほとんど残っていないが、アテナイのストア派がまとめた初期ストイシズムの教えから、ゼノンの考えの断片が拾い集められてひとつの体系にまとめられた。

ストア派は、よい人生を送るために必要なものはよい人格だけだという独自の立場をとっていたが、その実用性がのちにローマ人（ギリシアを征服した人々）の心をつかんだ。

そうしてストイシズムの教えがローマに普及してその生き方が広く知られるようになると、現代でストイシズムの代名詞となっている哲学者が何人も台頭した。

ストイシズムを重んじる人たち

ゼノンやマルクス・アウレリウスをはじめとするストア哲学者たちは、美徳と優れた人格をもって生きることに挑んできた。そのためストイシズムに引き寄せられる人たちは、**知識欲が旺盛で、こうと決めたことには献身的で、固い信念を持ち、実践を重んじながらも内省を忘れない**。

PART2では歴史に名を残したストア哲学者たちが提唱した原則を実践するので、彼らについていくらか知っておくと役に立つだろう。

それでは、アテナイでストイシズムが誕生し、普及していった経緯から見ていこう。

自然に従って生きる

キティオンのゼノンは地中海のキプロス島に生まれ、ギリシアの統治下で貴重な商品を売買する貿易商となった。

伝えられている話によると、あるとき、乗っていた船が航海中に難破し、ゼノンはすべてを失った。狼狽(ろうばい)し、着の身着のまま庇護(ひご)を求めて書店に入ると、彼はソクラテスの生涯を記した巻物を手に取る。そしてソクラテスの挑戦的な哲学に魅了され、店主に「どこへ行けばこのような人物に会えますか？」と尋ねた。店主はたまたま通りかかったクラテス〔キュニコス派の哲学者〕を指差し、「彼についていくといい」とゼノンに言った。

これがゼノンが哲学の道に進む決め手になった出来事であると断言はできない（が、創始の神話にふさわしいエピソードであることは否めない）。

だが、彼がアテナイ近郊の哲学学校で数年にわたって学んだことは確かだ。のちに公共の広場のストア・ポイキレで講義を行うようになり、多くの人々に影響を与えた。ゼノンから受け継がれた哲学の遺産は、「自然に従って生きる」という彼の明快な人生の目標に集約されると言える。

また、ゼノンが創設したストイシズムの学校のおかげで、命題論理（現代のコンピュータにいまも活用されている）や心理学（これを読んでいるあなたにいまも活用されている）といった分野が飛躍的に発展した。

ゼノンが亡くなったときには、アテナイの人々によって墓が建立され、アテナイへの貢献を讃える碑文が刻まれた。

ゼノン亡きあと、ストア・ポイキレでの講義は、アッソスのクレアンテスが引き継いだ。若き日のクレアンテスは拳闘家だったが、のちに水運びで生計を立てながら哲学を学んだ。このクレアンテスがストイシズムの学校の監督役を担うと、ほかのゼノンの弟子たちは、ゼノンの教義の解釈や適用の仕方について議論を戦わせた。

クレアンテスの次に現れたのがソロイのクリュシッポスだ。彼は哲学に関する評論を執筆し、ゼノンが創設した学校の体制を整え、認識論、自然学、論理学を正式に学ぶ場とした。現代に伝わるストイシズムの論理を体系化したのも彼だ。

クリュシッポスの能力の高さと影響力の大きさは相当なもので、後年の歴史学者の一人に、「クリュシッポスがいなかったら、ストイシズムは存在しなかっただろう」と言わしめた。

ストイシズムの学校は弟子から弟子へと代々引き継がれていったが、ギリシアがローマに征服されると解体され、正式な学校ではなくなった。

しかしストイシズムの人気は根強く、ローマ帝国時代に再び注目が集まる。

そして、ロドス島のヘカトンのようにストイシズムに関する執筆を続ける者や、ムソニウス・ルフスのように、ストイシズムの講義や指導を通じて宮廷に影響を与える者が現れた。

現存する古代のストア哲学者が書き残したものの大半は、ローマ帝国時代に執筆されたものだ。

主な執筆者はセネカやエピクテトス、マルクス・アウレリウスで、彼らが残したのは学術的な論考ではなく、書簡や手記、講義録である。つまり、現実世界の問題に実際に挑んだ彼らの生の声だ。

怒り、お金、友情、時間について

セネカは裕福な家に生まれて政治家となった人物で、劇作家や皇帝ネロの少年時代の家庭教師という顔も持つ。

彼は宮廷でさまざまな人間の弱さを目の当たりにした。

ネロが十代の若さでローマ帝国皇帝に即位すると、セネカは政治的な補佐役を立派に務めた。

しかし、ストイシズムをもってしても、ネロを諫め続けることはかなわなかった。ネロは暴力性をあらわにするようになり、政敵を処刑し、実の母親を謀殺し、敵、味方を問わず残虐非道な行為に及んだ。

ついにはセネカの影響力に嫌気が差し、ネロはセネカに自死を命じる。セネカは最期まで友人たちに美徳を説き、嘆き悲しむ妻には彼のあとを追ってはならないと諭し、偉大な哲学者として死を遂げた。

残念なことに、セネカの評価は、ネロの悪行の一部を許したことで傷がついた。現代では、セネカは古代のストア哲学者のなかでもっとも心的苦痛を抱えていた（あるいは、信念を曲げた）一人とみなされている。

ただ、そうした汚点があってもなお、セネカの著作は古代のストイシズムが残した助言の宝庫だと言われている。

戯曲、随筆、書簡という形で、彼は怒りやお金、友情、時間の経過といった普遍的な問題を語った。人は、セネカの著作のなかに自分自身を垣間見る。完璧ではないが、つねによくなろうと努力する姿に自分を重ねるのだ。

内面の自由を探求する

一方、エピクテトスは賢者のような教師で、ローマのきらびやかな権力の中枢とはかけ離れた質素な暮らしを送っていた。

奴隷の子として生まれたが、哲学者ムソニウス・ルフスのもとでストイシズムを学ぶことを許された。そして晴れて自由の身になると、哲学の学校を開いた。

エピクテトスは著作を残さなかったが、彼の教え子の一人であるアリアノスが、エピクテトスの講話を筆録したものを広めた。のちに有名になったその記録（『語録』と『要録』）が、エピクテトスの教えとして残っている文献のすべてだ。

『語録』を読めば、エピクテトスが大勢から尊敬された理由がよくわかる。彼は率直に語る講義を通じて教え子たちの慢心に釘を刺し、知恵に通じる道をわかりやすく示した。自虐的なジョークを飛ばし、**偽善者を非難し、心の自由の探究に力を尽くした。**

エピクテトスの考えは、彼のあとに続いたストイシズムの研究者すべてに影響を与えた。それは哲人皇帝として知られるマルクス・アウレリウスも例外ではない。

立場にかかわらず誠実に生きる

マルクス・アウレリウスは、古代で政治的権力と哲学的な影響力の頂点を極めた人物だ。

ローマ帝国の皇帝として地上最大の権力を手にし、莫大な富や軍隊を意のままにできた。だが、マルクス・アウレリウスは哲学者のように生きようとした。賢明な政策を打ち出し、思いやりをもって他者を扱い、贅沢を慎み、死期が迫っても平静を保った。周囲の裏切りに悩まされてもなお、民のために生涯を捧げた。

マルクス・アウレリウスもやはり一人の人間なので、喜びの数だけ悲しみも味わった。何人もの子どもを幼いうちになくし、蛮族の侵攻と軍の反乱の対処に追われ、ヨーロッパ史上最悪の規模で疫病が蔓延する憂き目にも遭った。彼が書き残した『自省録』――自身に向けた哲学の記録――の一部は、厄介な軍事行動のさなかに書かれている。

この私的な手記を通じて、ストイシズムの原則を繰り返し唱え、再確認することが、彼にとっての安らぎだった。

マルクス・アウレリウスが紡ぎ出す詩的な繊細さと哲学的な決意は、何世代にもわたって多くのリーダーや思想家に影響を与え、『自省録』は世界でもっとも読まれる書籍のひとつとなった。

誰でもすぐに始められる

古代のギリシアやローマでは、多くの市井の人々――女性、奴隷、貧者――が哲学のコミュニティから締め出された。それどころか政治からも除外され、非人道的に扱われた。権利を奪われた人たちは、せいぜい富裕な男性が門戸を開いたときだけ、そうしたコミュニティや政治に参加できる程度だった。

歴史学者によると、ストイシズムも、そうした文化的な慣行の影響を受けてはいたものの、当時の哲学の学派のなかでは包摂的だった。

初期ストア派の多くは、美徳は万人が手にできるものであり、貧困や政治に抑圧されている人たちにも開かれていると信じていた。ストイシズムの偉大な師であったエピクテトスも奴隷出身だし、女性が哲学の教育を受けることを支持したストア哲学者も少なくない。

いまの時代、その程度のことは称賛するまでもないと感じる。古代の文化的な慣行の文脈を理解することは難しく、歴史を探求していると、女性として、ときには落胆させられることもある。

それでも私は、ストイシズムという極めて内省的な哲学から学ぶことは、まだまだたくさんあると考える。なにしろ**2000年以上にわたって、さまざまな背景を持つ人々を導いてきた**のだから。世界の大半が私の意見に同意するはずだ。

ストイシズムを適用できる文化圏や人生経験は、特定の範囲にとどまらない。

今日では、多種多様な人々によって、地球上のありとあらゆる場所でストイシズムが実践されている。精力的に活動するストイシズムのコミュニティは六大陸にわたって数々の国や言語圏に存在している。

ストイシズムは普遍的な人間の経験を論じるものであり、誰にとっても、意志や目的を明確に意識し、ものごとを受け入れる深い懐を備えて生きていく術となってくれる。

ストイシズムを時代に合わせて更新し順応させれば、誰もが自分固有の美徳、真実、成長の度合い、潜在能力を明らかにして、人間性を最大限に高められるようになる。だから私はストイシズムを研究し、少しずつ調整しながら実践を続けているのだ。

私がストア哲学者たちの残した文献を読むときは、頭のなかで性別などを置き換えて考えたりもする。ＰＡＲＴ２で引用する言葉についても、より普遍的に考えられる訳語や言い回しを考慮した。

どんな物語や背景を抱えていても、あなた自身の日常生活にストイシズムを結びつける方法を、あなた自身で生み出してもらえたら幸いだ。

Column

歴史上ストイシズムにもっとも影響を与えた女性というと、エリザベス・カーターになるだろう。エピクテトスの『語録』を初めて英語に翻訳したのが彼女だ。

カーターは独学で数か国語を習得した文筆家で、その博識と真っ直ぐな気性で知られた。18世紀の英国では、女性は若くして結婚し家庭を守るものとされていたが、カーターはいくつかあった結婚話を断り、国際的に尊敬される学者となった。

総合的な英語辞典を初めて完成させたサミュエル・ジョンソンをはじめ、カーターは文学界の名士たちから高く評価されたほか、当時活躍していた女性作家たちとも親しくした。カーターが訳した『語録』と『要録』は、1世紀以上にわたって英語の定訳とされた。

彼女自身はストア派を名乗ってはいなかったが、ストア哲学者たちが有する知恵、知識、優れた人間性をまさに体現する存在だった。

PART 2

ストイックに生きる

ここからは探究するパートとなる。あなたの内面を掘り下げて言葉にするのだ。

一日ごとに分かれた各レッスンでは、ストア哲学者たちが残した言葉を紹介してその意味を解説し、内面を探るとっかかりとなる記述式の課題を2つ提示する。

1つを選んで取り組むか、どちらも心に響いたなら両方に取り組んでもらいたい。1つだけ選んだとしても、気が向いたときにいつでも残りの課題を行えばよい。

課題に取り組むときは最低でも10〜15分は熟考し、自分の考えを言葉で表すことに最善を尽くす（少しでもいいからとにかく書く）。途中で休憩をとってもいいが、休憩後は直ちに集中した状態に戻ること。

課題に取り組む目的意識を強く持ち、時間をかけて粘り強く取り組むほど、価値観と行動を一致させたい思いが強くなり、どんなかたちであれ自分を批判しなくなり、心の平静を保つ生き方に落ち着くと思ってほしい。

第 1 章

EXAMINING
THE INNER CRITIC

心の声に耳を傾ける

最初の30日間は、
あなたとあなた自身の関係について探っていく。
まずは、あなたが抱いている考えや思いを明確に意識し、
それらにまとわりついている無益な判断を取り払い、
あなたを批判するあなた自身の声を鎮める。
そのうえで、「自分への思いやり」を深め、

「謙虚さ」を養い、
「他者の考えに振りまわされない」方法を学ぶ。
先にも述べたように、
課題を2つとも実行する必要はなく、
目指す理想により近づけそうなもの
1つを選んで取り組めばよい。
おそらくその課題こそが、
あなたの能力をさらに引き出すものだ。
30日かけて心を明晰にして
自分を肯定することで、
自分を受け入れ、心の平静を保つ準備が整う。

1日目

心をひらく

哲学を実践する者が最初に
取り組むべきことは何か？
それは、「自分は知っている」
という考えを捨て去ることだ。
人は「知っている」と
思っている何かについて
学ぼうとすることは
絶対にないからだ。

——エピクテトス『語録』（第2巻第17章1）

「新鮮な目」で世界を見る

よい人生を送るうえでの最初の一歩は、新鮮な目ではっきりと世界を見ることだとエピクテトスは言う。

つまり、自分のなかの前提を疑問視し、**習慣になっている思考プロセスが健全で正確か**どうかを自問するのだ。

その際に何よりも役に立つのが「オープンマインド（ひらいた心）」だ。

自分自身や自分を取り巻く世界に関する新たな発見に向けて心をひらいていれば、発見は必ずある。

1．あなたに染みついている思考癖のなかで、もはや不要になったものはどれか？
（ものごとを悪いほうにとらえる癖はないか？　避けようとしてしまう発想や感情はないか？）

2．変えたいと思う思考癖を3つあげよう。

2日目

真実を求める

わたしの考えや行動が正しくないと
誰かに教え諭(さと)されたなら、
喜んで改めよう。
真実を追い求めて怪我(けが)をした人は
一人もいないのだから。
むしろ怪我をするのは、
誤ったままや無知のままでいる人たちだ。

――マルクス・アウレリウス『自省録』(第6巻21)

「自分こそが正しい」と思っていないか？

マルクス・アウレリウスのこの言葉は、「真実には自分の考え（と言動）を必要に応じて変えるだけの価値がある」と気づかせてくれる。

真実に向き合うことは、ときにつらい。自分自身について知ろうとしているときであればなおのこと、つらい思いをするおそれが高い。

だが結局、**人はそういう苦痛を経るからこそ成長し、成功する**。

ストイシズムでは、自分自身や自分を取り巻く世界をできるだけ客観的に見つめると、知恵、理解力、自信が養われるとされている。

1. あなたにとって、真実は重要か？　重要だというなら、なぜ重要なのか？　重要でないなら、なぜ重要でないのか？　幸せなら騙されたままでいいと思うか、つらくても真実を知りたいと思うか、あなたはどちらだろう？

2. あなたは「自分こそが正しい」という感覚にとらわれてはいないだろうか？　仮に、つねに正しくありたいという欲求を捨て去ったらどうなるだろう？　その欲求を手放して、新たな考え方を探って、何度か失敗し、失敗を通じて学習し、前に進むのもいいのではないか？

3日目

静かな勇気を発揮する

勇気とは何かを知っている人なら、
勇敢な人がとるべき行動で
迷うはずがない。
勇気とは、浅はかで軽率な行動や
危険を好むこと、
恐怖心を煽る何かを
求めることではない。
何が悪で、何が悪でないかを
区別できる知力、
それが勇気だ。

——セネカ『ルキリウスに宛てた道徳書簡集』（書簡85・28）

「正しいこと」にこだわる

ストイシズムは、勇気とはアドレナリンが出るような冒険的な行為をすることではなく、もっと大きな概念だと思い出させてくれる。

セネカは勇気を、**「たとえつらくても正しい行いをする」**ことだと定義する。

恐怖心に立ち向かうこと、自らの信念のために立ち上がること、自分の胸の内を覗き込んで不安と対峙（たいじ）することは勇気を必要とする。

ときにはもっとも静かな行動が、もっとも勇気ある行動となるのだ。

1．あなたが静かな勇気を発揮したときのことを書こう。そのときに、あなたに勇気を奮い立たせたものは何だったか？
2．内面に目を向けようとする勇気は、どうすれば出せるだろう？　いま現在、勇気を出さないと向き合えないことは何か？

4日目

自分に敬意を抱く

では、
わたしたちの本質とは何か？
自由な人として、
高潔な人として、
自分を敬う人として
ふるまうことである。

――エピクテトス『語録』（第3巻第7章26）

「自分の本質」とは？

エピクテトスは率直かつシンプルな言葉で、あなたを含むすべての人に、尊び敬う価値がある、と語っている。

人間は好奇心旺盛で思いやりがあり、理性的で社交的だ。また、面倒なところや複雑なところもあり、**あらゆる可能性に満ちている。**

ここでは、「心の自由」と「自分を敬い、尊重する」ことに目を向けてほしい。それがあなたという人間の要なのだ。

1．自分を尊び敬う気持ちを妨げているものがあるとすれば、それは何か？　自分にもっと優しくなれるためにできることを5つあげよう。また、その優しさを自分以外の人に広げるにはどうすべきかについても考えてみてほしい。

2．自己批判のフィルターを取り除くと、本質の部分のあなたが見えてくる。その部分のあなたは、何を気にかけているだろうか？　どうすればその部分のあなたを大切にし、尊重できるだろうか？　自宅や職場をはじめ、親しい人と一緒にいるときに、本質のあなたのままふるまえるようになるには何をすべきか、始められることを2つ見つけよう。

5日目

理想を羅針盤にする

目の前に
「このうえない善」という
目標を設定するのだ。
努力を費やす対象となるもの、
すべての言動の礎(いしずえ)となるものを。
船乗りが、決まった星を目印にして
進路を定めるのと同じだ。
理想のない人生は迷走する。

――セネカ『ルキリウスに宛てた道徳書簡集』(書簡95・45-46)

「人生の目標」を言葉にする

セネカは、人生の目標についてしっかりと検討し、無軌道に生きることや惰性で生きることのないよう諭している。

どこに向かいたいのか？

なぜそこに向かいたいのか？

自分の目指す方向がわかると、**行動の一つひとつがより有意義なものになる。**

1．10年後の自分がいまの自分に会いにきたと仮定して、未来の自分が誇りに思ってくれるような大きな夢を3つあげよう。

2．その夢を実現するための、具体的な目標を3つ設定する。夢の実現や目標の達成に向けて、ルーティンや習慣にできることはないか？　設定した目標のために今週中にできることを2つリストアップしよう。

6日目

不必要なことをやめる

必要なことのみをせよ。
社会生活を営むように生まれついた
生き物の理性が求めることを、
求めに応じて行うのだ。
そうすれば、よいことをしている
という安堵に加えて、
ごくわずかなことをすればすむという
安堵も得られる。

——マルクス・アウレリウス『自省録』（第4巻24）

「ためにならない習慣」を排除する

マルクス・アウレリウスは、大事なことについて慎重かつ批判的に考えるよう諭している。つまり、**「これは本当に必要か？」と自問する習慣**を身につけることを目指すのだ。

たとえば、どこへ向かうか、何をするか、誰と一緒に過ごすかを決めるときに自問するといい。心を乱すよけいなものを取り除けば、内省や有意義なこと、心が満たされることを行う余裕が生まれる。

1．日常的に行っているタスクや活動をリストアップし、それらの重要性や意義についてじっくりと考えてみよう。排除できるものはないか？　もしあれば、リストから消す。代わりに何に取り組もうかと考えたときに、あなたの心が躍るプロジェクトや目標にはどういうものがあるだろう？

2．無意味な活動が再びスケジュールに入り込むことのないように、予防線を張ることはできないか？　意識的に避けるには、不必要な習慣や悪習を捨てることを思い出せるようなシンプルなフレーズを考えて、マントラのように繰り返しつぶやき続けるのもひとつの手だ。

7 日目

自分を信じる

自分には生まれながらにして
誠実さや自尊心があり、
心に浮かんだ印象を
誤りなく判断できると
思っている少数の人は、
劣等感や自嘲の思いを
胸の内に抱くことはないが、
大多数の人はその反対である。

――エピクテトス『語録』（第1巻第3章4）

「ポジティブな視点」で自分を見る

向上できる機会を見つけたときに、踏み出すことを選ぶか、それとも自分を抑えることを選ぶか。

エピクテトスによると、その**選択のカギは自分に対する自信にある**という。自分の優秀さや勇敢さ、自尊心に則した行動をとろうと考えているなら、向上できる機会があるたびに、ほぼ確実に前に踏み出せるはずだ。

1．これまでに、自分自身を蔑（さげす）んだときや、自分自身に対して過剰に批判的になってしまったときに頭に浮かんだ思いを書こう。

2．では、1で書いた思いが、客観的に見て事実でないと判明したとしよう。1で書いた思いに代えて、あなたに有益となる思いを抱いたらどうなるか？　あなたが過去に自分を蔑んだときの思いを、もっと自分に味方する視点から書き直してみてほしい。それから、自分を蔑む思いを、自分を敬う思いに変えるために今日できることを1つ見つけよう。

8日目

判断を見直す

すべては意見であるということを考えよ。
意見は、あなたの力が及ぶものだ。
したがって望むままに意見を取り去ればよい。
すると、岬をまわりこんだ船乗りのように、
静かで何ひとつ変わらない、
波ひとつない入江が現れる。

——マルクス・アウレリウス『自省録』(第12巻22)

「自分の判断」は自分で変えられる

状況や人、あるいは自分のことについて安易に下した判断が、客観的に正しいとは限らない。

判断は意見であり、状況について説明する物語であり、個人的な予測だ。それによって理解しやすくなることもあれば、事態が悪化することもある。

マルクス・アウレリウスは、否定的な判断を抑制すれば、感情の乱れから逃れられると諭している。

1. 以下から、直感的に判断を下したことがある場面を思い浮かべよう。①初対面の人と会ったとき、②仕事で採用面接を行ったとき、③友人やパートナーとケンカしたとき。当時の判断を振り返り、じっくりと精査してみてほしい。その判断は、事実に照らして正しいものだったか、それとも、個人的な意見にすぎないものだったか？ また、ほかに下せる判断はなかったか考えてみよう。

2. 過去の判断を問い直すと、冷静に、より適切に判断を下せるのだろうか？ 捨て去りたい過去の判断を1つ書き出して、30秒ほどそれと向き合い、どんな気持ちになるか確かめてみよう。

9 日目

負の感情に支配されるな

もし外的な何かのせいで苦しんでいるのなら、
あなたを悩ませているのはその何かではなく、
その何かについてのあなたの判断だ。
判断であれば、自分の力で消し去ることができる。
まったく、自分の意のままにできるもののせいで
苦しんでいるのなら、
あなたがあなたの意見を正すことを
誰が妨(さまた)げるというのか?

――マルクス・アウレリウス『自省録』(第8巻47)

「刺激」と「反応」は別のこと

マルクス・アウレリウスは、「あなたの意見を正すことを誰が妨げるというのか?」と問いかけている(答えは「自分自身」だ)。負の感情をじっくり見つめると、負の刺激(起きたこと)と感情的な反応(それに対してどう感じるか)は別のことだとわかる。

マルクス・アウレリウスは、外から受ける刺激にまつわる判断を排除し、**自分の思いは刺激に支配されるものではない**と気づくことで、人は力を手にできると諭している。自分の思いを支配するのは、自分自身だ。

1.最近、負の感情を抱いたときのことを思い浮かべよう。刺激となる出来事は何だったか? それについてのあなたの判断はどういうものだったか? 負の感情が生まれ始めたのはいつか? それらを特定したら、負の刺激とそれに対する感情的な反応の違いに目を向ける。「自分にとって悪いことが起きている」という判断を改める余地はなかっただろうか?

2.嫌な気分で目を覚ましたときのことを考えてほしい。そのとき、より広い視野でものごとをとらえたり、寛容な視点で自分に接したりするとどうなるだろうか? その思考が行動にどのような影響を及ぼすか、考えてみよう。

10日目

自分自身の友になる

今日、ヘカトンの著作を読んでいて、
わたしは次の言葉にうれしくなった。
「どんな成長を遂げたか、だと?
わたしは自分自身の友になりはじめたのだ」
これは本当に素晴らしく有益なことだ。
そのような人は、決して孤独になることがない。
そのような人は、
すべての人の友だと言えるだろう。

——セネカ『ルキリウスに宛てた道徳書簡集』(書簡6・7)

友人に対するように自分に接する

セネカは、自分自身の真の友になることが、誰かの真の友になるうえでの最初の一歩だと諭している。

心から自分に自信が持てるようになると、外からの承認をあまり求めなくなり、ひいては**他者をありのままに受け入れる**余裕が生まれる。

高い基準を掲げてもなお、その基準に到達できずに苦しむ自分や他者に思いやりを持てるようになるのだ。

1．友人を扱うようにあなた自身のことを扱っているだろうか？　鏡の前に立ち、誇りに思うあなたの特性を5つ発表しよう。

2．自分に対して批判的になりがちな部分を1つあげる。そして友人に書くように、自分を思いやり、励ます手紙をあなた自身に宛てて書こう。

11日目

自分の価値観に則して生きる

もしそれが
正しくないことであれば、
するな。
事実でないことであれば、
口にするな。

――マルクス・アウレリウス『自省録』（第12巻17）

「理想」を行動に反映させる

マルクス・アウレリウスは、価値観と行動の関係の核心を突いている。志向する、受け入れる、といった内面的に望ましいことに価値を見出すと、そういう理想が行動に反映されるようになるのだ。

自分の価値観に則して生きるというのは、**完璧になることでも、人生から欲求を排除することでもない**。自分の価値観と自分の欲求の結びつきを強めて、理想を望む気持ちを行動に反映させることだ。

1．自分の欲求を抑圧するのではなく、それをあなたにとっての崇高な目標に向かわせることを考えてみよう。エネルギーを費やすに値する目標にはどういうものがあるか？　その目標が示唆（しさ）する価値は何か？　それらが明確になったら、目標の達成に役立ちそうな欲求の例を3つか4つあげよう。

2．心のなかで葛藤が生じたとき、自分に何と言い聞かせたら平常心を取り戻せるだろう？　その言葉を自分に覚えられる長さのフレーズにまとめて、価値観を譲ってしまいそうになるたびに自分に言い聞かせよう。

12日目

心を静かにする

思うに、
秩序立った心の持ち主
であることを示す
いちばんの兆候は、
一か所にとどまって
一人で過ごせる能力が
あることだ。

——セネカ『ルキリウスに宛てた道徳書簡集』（書簡2・1）

デバイスを遠ざけて一人になる

ニュース、娯楽、仕事、ソーシャルメディアが絶え間なく流れ込んでくるせいで、私たちの神経系は超高速でフル回転を強いられている。

脳はつねに警戒態勢で、短期的な脅威や報酬に対処している。それではリラックスできないのも無理はない。

セネカはそんな私たちに対し、周囲から自分を切り離して**一人で過ごす時間をつくれば平静を取り戻せる**と教えてくれる。

心にゆとりを持って自分について知ろうとすれば、自分自身の感覚や思考を強く意識できる。そして、自分が世界で経験していることに心から感謝できるようになる。

1. すべてのデバイスの電源を切って別の部屋に置き、15分間、一人になろう。そして、自分自身に意識を向けてみる。デバイスが手元からなくなり、どんなことに気づくだろうか？　頭のなかで何が起こるだろうか？　一人になり、あなたはいまどんな気持ちだろう？

2. 一人を満喫する時間を毎日15分設けたら、自分について何がわかるようになると思うか？

13日目

居場所に満足する

あなたがどういう人間であるかは、
あなたがどこへ行くか以上に重要だ。
……とはいえ、じつのところ、
あなたは旅をしているわけではない。
さまよい、追い立てられ、
あるところから別のところへと
居場所を変えているにすぎない。
あなたが探し求めていること、
つまりよく生きることとは、
どこでも見つけられるというのに。

——セネカ『ルキリウスに宛てた道徳書簡集』（書簡28・4－5）

場所よりも「意識」を変える

セネカによると、心の平静と充足を得る秘訣は、いま現在の自分という人間と自分のいる場所に満足を見出すことだという。

初めての人、場所、ものに遭遇すると、人はたやすく過度に興奮する。

もちろん、新たな冒険の始まりに高揚感を抱くのは自然なことだ。

とはいえ、いま現在の自分に満足していなかったら、**つねに満足を求めるリスク**が生じる。

つまり、いつまでも満足できなくなるのだ。

1.いま現在、あなたのニーズを満たしているものを思い浮かべて、ありがたいと思うものを5つあげよう。毎朝楽しみにしているコーヒー、といったシンプルなものも含めて考える。

2.よい人生を送りたいのであれば、場所ではなく意識を変えるべきだというセネカの考えに、あなたは賛成だろうか？　賛成、反対のいずれにせよ、そう思う理由は何か？

14日目

自分は
どんな人間か？

しかし、理にかなうものと
かなわないものを
判別するために、
わたしたちは、
外的なものの価値の
相場に加えて、
自分の人格にともなう
判断基準も使っている。

――エピクテトス『語録』（第1巻第2章7）

「自分の資質」を知る

人格、人生経験、境遇は、その人固有のものである。よって、欲するものや必要とするものも、人それぞれ異なる。

エピクテトスによると、**自らの才能、嗜好（しこう）、性格を知る**ことは、自分に誠実になる助けになり、他者への共感も育むという。

1. あなたのいちばんの資質は何か？　あなたが世界に貢献できることは何か？　それは大きなことかもしれないし、小さなことかもしれない。自分に正直に答えよう。何も思い浮かばなければ、家族や師と仰ぐ人に意見を尋ねることも検討する。

2. 自己認識を深めることで、自分にどんな熱意があるか、見えてくるだろうか？　あなた自身について、事実だと断言できることを1つあげよう。その事実から、あなたが人生に求めているものは何だとわかるか？

15日目

相手を深く知る

誰かに一人の人間として会うというのは、
その相手の意見を理解しようと努め、
それから自らの意見を披露することだ。
わたしの意見を知ろうとし、
あなたの意見をわたしに示したなら、
わたしに会ったと言えばよい。

——エピクテトス『語録』（第3巻第9章12-13）

「実際の行動」に注目する

相手の富や仕事での成功、社会的地位ではなく、その人が大事にしていることや何を選ぶかに注目するといい。

他者をどのように扱っているか？

不満や失望にどう対処しているか？

そういう場面で**相手が選んでとる行動に着目する**と、その人をより深く知ることになり、さらには自らの行動パターンを振り返れるようにもなる。

1．あなたが好感を抱き尊敬する人を思い浮かべる。そして、その人を覆う外側の部分（外見、年齢、職業など）を剥がしていき、その人の中身について考えてみてほしい。その人が人生で大事にしていることは何か？　その人のどういう部分に魅力を感じるか？　その人に引きつけられるということは、あなたはどういう人間だと言えるか？

2．あなたのまわりにいるのは、人格者ばかりだろうか？　人を人格者とみなす決め手となるものは何か？　あなたが魅力を感じるふるまいはどういうもので、なぜその種のふるまいに魅力を感じるのか考えてみよう。

16日目

敵を友にする

誰かに責められたり嫌われたりしたときや、
傷つくことを言われたときは、
相手の貧しい魂に近寄ってそのなかに入り、
どういう種類の人間か確かめるといい。
そうすれば、彼らにあれこれ思われたところで、
気にする必要はないとわかる。
ただし、そういう人たちにも親切にすること。
彼らも本来は友なのだから。

――マルクス・アウレリウス『自省録』（第9巻27）

「負の言葉」の力を無効化する

マルクス・アウレリウスは、他者の意見にとらわれることをやめると、相手の人間性に目を向ける余地が生まれると諭している。

他者の意見に自分の人格を重ねず、個人攻撃と受け止めないようにすると、**他者の判断が重荷でなくなる**。そうして意見が放つ負の力を無効化し、相手を理解しようと最善を尽くしたら、ひょっとすると友人になれるかもしれない。

1．誰かに認めてもらえなかった、あるいは拒絶されて傷ついたときのことを思い出そう。あなたはなぜ、その人に認めてもらいたかったのか？　その人物の性格、判断基準、その人物がモチベーションとしていることを、わかるかぎり思い描こう。この新たな視点を通じて当時の出来事を振り返ると、自分を重ねずにその人の発言を受け止めることができるのではないか？

2．互いに誤解し合う二人の会話を創作してみよう。まずは、意見の食い違いがどんどんエスカレートしていく会話を創作し、次に、食い違いがしだいに解消されていく会話を創作する。そうして完成したら、使われている言葉や（想像上の）声の調子がどう違うか書いてみよう。

17日目

内なる砦（とりで）を守る

感覚から得られる印象に目を光らせ、
不断の注意を払いなさい。
なにしろあなたが見守っているのは
些末（さまつ）なものではなく、
自尊心、誠実さ、揺るぎなさ、
そして情熱や苦痛や恐れや混乱に
乱されることのない心の状態
――いわば、自由なのだから。
そういうものと引き換えに、
あなたは何を得ようというのか？
いったい、その得たいものに
どれほどの価値があるのか？

――エピクテトス『語録』（第4巻第3章7－8）

自分は何を考えているのか？

ストア哲学者たちは人の意識を聖域とみなし、「内なる砦」と呼んだ。ストイシズムを知ると、自尊心がいかに人の注意と密接に結びついているかがよくわかる。

自分の意識に入り込むものに目を光らせていないと、有害な考えから我が身を守れない。

自分の頭のなかにどんな考えを住まわせているか？ この問いが、自尊心と心の自由を育むカギとなる。

1．2分のタイマーをセットしてあなたの意識に入ってくるものをチェックし、気になった考えを、1つか2つ書きとめよう。紙に書かれたものとして目にすると、客観的にとらえやすくなる。

2．あなたの「内なる砦」には何があるか？ その精神の聖域に、どのような類いの考えの出入りを許しているか？

18日目

自分を思いやる

わたしは自らに
苦しみを
与えるべきではない。
なぜなら、他者にも
一度として意図して
苦しみを与えたことは
ないのだから。

——マルクス・アウレリウス『自省録』（第8巻42）

「自己批判する声」を見つめる

マルクス・アウレリウスは、優先的に自らを思いやることが大切だと諭している。他者を傷つけるようなことは言わないのに、**なぜ自分自身を傷つけることは言ってもいい**となるのか？

ストア哲学者たちによると、公平とは、自分のことでも他者に対してと同じように赦(ゆる)し、辛抱強さを発揮する余裕を持つことだという。

1.「高い倫理規範を掲げること」と、「自分に厳しくあること」は同じではない。前者は自らの言動の改善につながる（修復の機会が生まれる）が、後者は過剰な自己批判を招く（自分自身を傷つける）。10日目であなた自身に宛てて書いた、あなたを思いやる手紙を読み返そう。そして、今週の自分自身の扱いについて振り返る。優先的に自分に優しくできていただろうか？　できていなかったとしたら、なぜできなかったのか？

2.あなたがつねづね自分自身に対して抱いている辛辣(しんらつ)な意見を書き出して、その言葉をじっくりと見つめてみよう。あなたが味わっている苦痛のどれか1つでも、直ちに癒やすことはできないか？

19日目

他者の評価から自由になる

自分が自分であることに
満足せず、まわりから
どう思われるかばかりに
気を揉んでいたら、
いったいどうやって
正しい意見を
持てるというのか？

――エピクテトス『語録』（第4巻第6章24）

「批判」も「称賛」も断ち切る

ストア哲学者たちは、周囲の意見に気をとられた状態で、世界を理性的に見つめることは不可能だと説く。

つまり、他者による批判も称賛も断ち切るのだ。

自分の性格や幸福は、よくも悪くも、他者の意見に左右されるものではない。だから、**他者の意見に影響力を持たせる理由がない**。「内面の充実に意識を集中させる」ということは、尊敬する人や愛する人、恐れを抱く人による支持からも不支持からも自由になることなのだ。

1．この世でいちばん尊敬する人の支持を得られなかったら、いったいどうなるか？　欲求や目標が根本から変わってしまうだろうか？　尊敬する人に何らかのジャッジをされたら、あなたの人間性がよくなったり悪くなったりするだろうか？

2．あなた自身について誰かに言われたら嬉しいことを5つあげよう。そして、誰かに言われたいと思わなくなるまで、その5つを繰り返し紙に書くか、鏡の前で自分に言い聞かせよう。

20日目

本当に幸福になれること

あなたが本当に幸福になれる
ただ一つのことを行いなさい。
見せかけで人を魅了するものは
捨て去り、踏みつけてしまえばいい。
……真によいものに目を向け、
あなたの内面から生まれるものだけに
喜びを見出すのだ。
「あなたの内面から」とはどういう意味か？
それは、あなたそのものから、
すなわち、あなたのなかの最良の部分から
という意味だ。

——セネカ『ルキリウスに宛てた道徳書簡集』（書簡23・6）

「本当の幸福」は内面にある

人は栄誉――富、名声、権力、威光――や、ほしいときにほしいものを手にする心地よさを追い求めずにはいられない。

だが、ストイシズムによると、私たちはつねに、**自らの内面から知恵、正義、勇気、節制を手に入れられる**という。しかも、それらは決して尽きることがない。

ストイシズムでは、本当に大事なことは、ものごとを受け入れる機会や肯定する機会、自分を大事にする機会を見つけ、実践することとされている。

そこに外野の承認は必要ない。

1.これまでの人生で、どんな栄誉を追い求めたことがあるか？　それを手にしたとき、自分は根本的に変わった（よくなった）と感じたか？　手に入れたら幸せになると信じて購入した大きな買い物についても、同じ問いを考えること。

2.誰かから言葉をかけられたことで、あなたがこれまでに得た感情の「戦利品」を言葉で表そう。それはどんな言葉だったか？　その感情はどんな感情だったか？　これまでの人生で、その感情が不足したことはあるか？

21日目

決めた道を進む

すべてにおいて正しい原則に従って
行動することができないからといって、
腹を立てたり、失望したり、
不満を抱いたりしてはいけない。
失敗したらまた戻ってやり直し、
行動の大部分が
人間性にかなっていればよしとして、
やり直す対象を愛せ。

——マルクス・アウレリウス『自省録』（第5巻9）

一歩ずつ地道に前進する

ストア哲学者たちは、内面的な素晴らしさの実現が簡単だとは一度も言わなかった。美徳——精神の成長、思考の発展、意志に沿った人生——に通じる道を邁進(まいしん)すると決めたなら、**人間に本来備わった潜在能力を最大限に引き出す**ことが目標となる。

マルクス・アウレリウスが諭すように、それはライフワークとなることなので、その道のりが長く曲がりくねっていたとしても、気を落としてはいられない。高い目標に到達できないときもあるだろうが、人は努力を続けることでよりよい人間になる。

別の言い方をするなら、失敗を犯すのは人間として当たり前であり、こうと決めた道を歩み続けることが重要なのだ。

1．いまのあなたにとっていちばん重要な目標を1つ選び、その目標に到達するまでの道のりに名前をつける。その道のりは、あなたという幹を中心にして、いくつもの道が枝分かれして伸びている。あなたを目標から遠ざける分岐路はどれか？　特定して書き出そう（実際に図を描くとわかりやすい）。

2．道徳心の弱さが露呈したときのことを振り返ってみよう。その出来事からどんな教訓を得たか？　その出来事から生まれたメリットはあったか？

22日目

適性を理解する

活発に動くことが
合っているのか、
静かに思索や熟慮に
ふけることが
合っているのかを見きわめ、
己の適性が導く方向に
向かいなさい。

——セネカ『心の平静について』（第7章2）

人には「向き不向き」がある

ストア哲学者たちは、天分に逆らうことなく生かせと促す。人にはそれぞれ向き不向きがあると、彼らは認識していたのだ。

「いまはまだできないだけ」と成長を信じるマインドセットはたしかに大事だが、**人間にはさまざまな「適性」が備わっている**こともまた事実だ。

もちろん、苦手な科目を勉強すべきときや、不向きな仕事を請け負わざるをえないときなど、生まれつき苦手な務めを果たすべきときはある。

とはいえ、選択の余地があるときは、自らの適性が生きることにエネルギーを費やすといい。

1. 14日目に、あなたの資質について思いを巡らせた。そのときに得た自己認識を使い、あなたの天分をいますぐ生かす方法を考えてみよう。生まれ持った才能をどのように活用すれば、人生を充実させられるだろうか?
2. 転職など人生における大きな決断を下すとき、あなたの決断により大きく影響するのは「才能」と「嗜好」のどちらか? また、人生の充実や向上を図るうえで、天賦(てんぷ)の才をどう取り入れればいいか考えてみよう。

23日目

内なる炎を燃やす

炎が勢いよく飛び出せば、
鎮火はおろか、閉じ込めたり
勢いを衰えさせたりすることもできない。
わたしたちの魂も
同じように絶えず動いており、
強く熱を帯びるほど、
その動きや活動が盛んになる。
幸福なのは、
その魂によりよいものへと
向かう衝動を与えた人だ！

――セネカ『ルキリウスに宛てた道徳書簡集』（書簡39・3）

人生に「喜び」を取り入れる

あなたを奮い立たせるものは何か。優れた音楽や本？　それとも友人との会話？　あなたの内なる炎は何で火がつき、その炎を激しく燃やし続けるにはどうすればいいか。

喜びや意義を感じることをリストアップし、それを得られる活動はどういうもので、**そうした活動を生活に組み込むにはどうすればいいか**考えてみてほしい。抑えきれないほどの喜びを得られる活動にエネルギーを向けて、内なる炎を呼び覚まそう。

1．あなたがいちばん活力に満ちていて、自分自身にもまわりの環境にもしっくりきていたときのことを思い出してほしい。それは何をしていたときだったか？　また、あなたの内なる炎に火をつける活動を最低3つあげ、いまの生活にできるだけ多く組み込むにはどうすればいいか考えてみよう。

2．あなたが子どもだったときのヒーローに手紙を書こう（実際に送る必要はない）。幼少期、十代、二十代と10年ごとに振り返ったときに、いちばん楽しかったことをヒーローに教えるつもりで書くのだ。あまり深く考えず、最初に頭に浮かんだことを記せばよい。楽しかったことに、何か共通点はあるだろうか？

24日目

自分を哀れむのをやめる

何に動揺し、何に悩み、何に嘆くというのか？
授けられた能力を
本来の目的のために使うことなく、
起きたことをくよくよと嘆き悲しむというのか？
「そうおっしゃいますが、
鼻水が止まらないのです」
ではいったい、何のために手があるのか？
それで鼻をふけばよいではないか？
……文句をたれるより、
鼻をふくほうがよほどあなたのためであろう！

――エピクテトス『語録』（第1巻第6章28－32）

嘆くより「行動」する

誰にでも、自分を哀れみたくなるときはある。しかし、生きていればつらいことは必ず起きるし、自分を哀れんだところで何の役にも立たない。

ストイシズムは、自分が置かれた状況を嘆くより、**自分に活用できるリソースやツールを使って問題の解決を図るほうが生産的**だと説く。独創的なやり方で問題に取り組む姿は、あなたの目にはどう映るだろう？　自分を哀れむ気持ちを、生産的なことや感謝の気持ちに置き換えたらどういう気持ちになるか、想像してみてほしい。

1. この3日間で、自分自身を哀れんだか？　哀れんだという人は、そのきっかけとなった出来事を思い浮かべて、特定の習慣や状況が自己憐憫（れんびん）の引き金となっていないか確認する。また、自分を哀れむことになった原因を排除する際に活用できるリソース（人、知識、スキルなど）を書き出そう。

2. つらかった体験を振り返る。そのときに、「あなたの力ではどうにもできなかったこと」を5つあげ、次に、「あなたの力でコントロールできたこと」を5つあげる。それぞれを思い浮かべたときに、どんな気持ちになったかも書く。また、あなたはどちらにより多くのエネルギーを費やす傾向にあるか考えてみよう。

25日目

自分に喝采を送る

不安に駆られている人を見ると、わたしは「この人は何を求めているのだろう？」とひとりごちる。なぜなら、自分の力の及ばないものを求めていないかぎり、不安であり続ける理由がないからだ。それこそが、キタラ奏者が一人で弾き語りをするときはいっさい不安を見せないが、舞台に上がると、たとえ素晴らしい美声とともにキタラを見事に演奏しても、不安な様子を見せる理由だ。そうなるのは、上手に歌いたいだけでなく、拍手喝采をもらいたいとも願うからだが、こちらについては奏者にはどうすることもできない。

――エピクテトス『語録』（第2巻第13章1-2）

自分で自分を評価する

他者の好感を得たいという衝動に駆られると、それが強い願望となり、ひいては不安を招きかねない。自分の仕事や行動、人格に周囲の意見を反映させるようになれば、**自分が持つ自分への影響力を手放してしまう**ことになる。

それに、何かを行うときの楽しさが半減することにもなる。

というのは、行うことそのものより、うまく行うことに意識が向いてしまうからだ。

ストイシズムでは、自分で自分に送る静かな喝采さえあればいい。

1．誰かからの称賛を必要としたときのことを振り返る。それはどのような状況だったか？　なぜ称賛してほしいと思ったのか？　そのときのあなたがほしくてたまらなかった評価を、いまのあなたが自分に向けて書こう。ほかの誰でもない、あなたの言葉で書いて送ることに意味がある。

2．学んでみたい（やってみたい）が、失敗や中途半端に終わるのが怖くてチャレンジできていないことを3つあげよう。そして、上手にできないながらも楽しんでやっている自分の姿を思い描く。チャレンジしたいことから「完成度」という側面を排除すると、チャレンジしたい意欲は高まるか、それとも萎えるか？

26日目

未来に煩（わずら）わされるな

未来のことに
煩わされるな。
必要なときがくれば、
いまあなたが現在のことに
使っているのと同じ理性で
対応できるのだから。

――マルクス・アウレリウス『自省録』（第7巻8）

「自分が持っている力」を信じる

人はときに不安の罠にとらわれて、未来に起こりうるあれこれを妄想する。

ストイシズムでは、未来に対する不安を最小にするのに必要な要素が2つある。

1つは現在にしっかりと軸足をすえること、もう1つは自分の内側に備わっているもの――知力や人格――で十分に将来の困難に対処できると信じることだ。

人は未来を操ることはできないが、**その能力は、いま見えている将来にも不測の事態にも同じように生かせる**ということを、マルクス・アウレリウスは思い出させてくれる。

自分自身を信頼すること、それが不安を解消する解毒剤なのだ。

1．まわりを見回して、あなたの身近につねに動かずにあるものを3つ選び、その3つをじっと見つめる。そうすると、あなたがいる場所に関するどんな情報が伝わってくるか？　また、あなた自身の不動の部分を意識すると、どのような気持ちになるか？

2．あなたの内側に備わっているもので、苦難を乗り越えるときに活用できるものは何か？　これまでに実際に使ったことのあるあなたの特性を書き出そう。

27日目

心を簡潔に保つ

誰かに突然、
「いま何を考えていたか？」
と尋ねられたときに、
即座に「これ」とか「あれ」と
包み隠さず答えられることのみ
考えておくようにしなさい。
そうすれば、
あなたの内側にあるのは
簡潔さと善意だけだと明らかになるだろう。

——マルクス・アウレリウス『自省録』（第3巻4）

「不要な思考」を取り除く

マルクス・アウレリウスは内面の簡潔さとは何かを説いている。それは、自己を磨く思考や自己を深める思考だけを残し、不健全な雑念を排除することだ。

自己の成長を阻むような考え方や思考の癖を見つけたら、直ちに手放そう。**長い目で見て自分の豊かさに寄与しない価値観や思考習慣は取り除く**。これが内面を平静に保つストイシズムの秘訣だ。

1. あなたにとって、「内面の簡潔さ」とは何を意味するか？　あなたがいちばん穏やかでいられるときの心持ちを言葉で表してみよう。そのときのあなたは、何を考えている（または何を考えないようにしている）か？　物理的にどのような場所にいるか？　簡潔さと善意に満ちた心の状態の育成にもっとエネルギーを費やせるようになる方法を考案し、書きとめよう。

2. ぼんやりするとつい考えてしまう気がかりなことを3つあげよう。あなたが感じているのは不安？　怒り？　それとも、自分の能力不足が気になるだろうか？　いずれにせよ、それぞれの懸念を払拭するための前向きな対応を考えて書こう。

28日目

言葉と行動を一致させる

わたしがよい人と呼ぶのはどういう人か？
それはまったくもって申し分のない人、
すなわち強要されても、必要に迫られても、
決して悪くならない人である。
もしあなたがひたすら努力し、
務めに励むとともに、
すべての言葉と行動を調和させ、一貫性を持たせ、
同じ型で打ち抜かれているものとするならば、
あなたもそうなれるとわたしにはわかる。
言行が一致しないなら、その人の魂はねじれている。

――セネカ『ルキリウスに宛てた道徳書簡集』（書簡34・3－4）

つねに「目標」に向かい続ける

セネカによると、ストイックな生き方とは、自らの価値観や信条に合致する行動をとり、**自らの美徳に従って生きる**ことだ。

思考することや行動することが、一貫して自分の美徳にかなう目標に向いていれば、内面の調和がとれて心が充足し、周囲にいる人々にもいい影響を与えられる。

1.5日目に設定した具体的な目標を思い出してほしい。今日一日のあなたの思考と行動は、その目標を踏まえていたか？　目標の実現を進める、あるいは遅らせることとなった行動の具体例を書き出そう。

2.まず最初に達成したい目標を1つ明確にして、今週中、今月中、今年中にその目標のためにやることをそれぞれ書き出そう。

29日目

自分の人生を生きる

人が大きな問題に陥る原因は、
世間の噂に追従すること、
もっとも広く受け入れられているものこそ
最善だと思い込むこと、
さまざまな紛いものを
真に優れたものと見誤ること、
理性に従うのではなく
他者を模倣して生きることにある。

――セネカ『幸福な人生について』（第1章3）

自分で考え、自分で決める

セネカは、内省や分析をすることなく、世論に追従してばかりいると、紛いものの人生を生きることになると諭している。内面的に充実した人生を送るには、自分で考えて結論を出し、このかけがえのない人生に対して好奇心を抱き続け、**ものごとを深く理解しようとする探究**を日々の習慣にしなくてはならない。

1．あなたが心から大事にしている価値観を1つ選び、じっくりと考えてみよう。それはどのようにして身についたのか？　身近な人や身近で起きた出来事に影響を受けたのか？　あなたが暮らす地域では、その価値観は奨励されているか、それとも疎（うと）まれているか？　その価値観は、すぐに頭に思い浮かぶ「理想の自分」のビジョンと一致するか？

2．ずっとやりたいと思っているのに、周囲にどう思われるかが気になって始められていないことを1つあげよう。その葛藤を思ったとき、いちばん最初に頭に浮かんだのはどんな思いか？　周囲の目から解放されて、もっと大胆に生きるために今日できることが何かないか考えてみてほしい。結局は、あなたの人生なのだから。

30日目

果実を我慢する

偉大なものは突然生まれない。
一房のブドウや一玉のイチジクであっても、
いきなり実ることはない。
いま「イチジクがほしい」と言われたら、
わたしは「それには時間が必要だ」と答える。
まずはイチジクの花を咲かせ、
次に果実をつけさせ、さらにそれを熟させる。
イチジクの果実ですら、
ほんの一時間で熟すことはないというのに、
それでもなお、
それほど短い時間で、それほど簡単に、
思考の果実を手に入れようというのか？

――エピクテトス『語録』（第1巻第15章7-8）

焦らずに「継続」する

誰だって、すぐに結果を手にしたい。しかし、エピクテトスが述べているように、困難だが意義深い人生という旅路においては、自分自身に対して我慢強くなることが大切だ。

自分のやるべきことに立ち返り、初心を忘れることなく、**つねに自分自身でい続けるの**だ。そうしていれば、干ばつなどの不測の事態に見舞われても、たくさんの果実を手にすることができるだろう。

1．1日目に書いた、「変えたいと思う思考癖」のことを思い出してほしい。これについて何か進展はあったか？　気づいたことを書き出そう。

2．大きな我慢を強いられた出来事を思い出してほしい。我慢したかいはあったか？　はやる気持ちをどのようにして抑えたか？　そわそわして落ち着かない気持ちになったときに、あなたが冷静さを取り戻す方法を3つあげよう。

第2章

THE ROAD TO ACCEPTANCE

受け入れる

最初の30日間で、
自分を思いやる意識を高め、内面の強みを見出し、
自分を支えるために
自分で自分に喝采を送る生き方に近づいた。
この章では、自分を取り巻くものを受け入れて、
まわりと調和する力を強化する。

困難に立ち向かうための考え方や技術を身につけ、
いまという瞬間に感謝する心を育むのだ。
これからの30日間を通じて、
積極性とレジリエンス（困難を乗り越えて立ち直る力）を高め、
あなたを取り巻く世界に
しっかりと向き合う準備を整えよう。

31日目

いまを手に入れる

先延ばしほど人生を無駄にするものはない。
先延ばしは、一日がくるごとに
人から一日を取り上げ、
後からするという約束を盾に、
いまを奪い去る。
生きていくことの最大の障害となるのが、
明日を頼りにして今日を無駄にする期待だ。
……あなたは何を目指しているのか？
これからやってくることはすべてが不確実だ。
ただちに生きよ！

——セネカ『人生の短さについて』（第9章1）

「先延ばし」で今日を無駄にするな

いまという時間にとっての脅威は何か？

ものごとを明日に先延ばしすることだ。

くわえて、明日になればすべてが魔法のようによくなると「期待」することはさらなる脅威となる。

セネカは、**いまという時間は二度とない**のだから、いますぐ立ち向かいたいことや成し遂げたいことに取り組むようにと説く。時間は不確かで頼りにならないが、いまこの瞬間に自分がとる行動は頼りにできる。

1．瞬間、瞬間を満喫する一日はどんなものになるか、想像して記述しよう。ものの見方や感情への影響など、あなたの内面でどのようなことが起きるか、具体的に書こう。

2．いま現在、あなたの前にはどんな機会が広がっているか？　今日、つかむと決めた機会を1つ書こう。

32日目

悩みを捨て去る

今日、わたしは
すべての悩みから抜け出した。
というより、
すべての悩みを追い払った。
というのも、
それは外ではなく内にあり、
わたしの意見のなかに
あったのだ。

――マルクス・アウレリウス『自省録』（第9巻13）

自分次第で「悩み」はなくなる

マルクス・アウレリウスは、意見を変えればものの見方がすっかり変わると教えてくれる。

この教えに従って、自分の身に起きたことに対する意見を変えてはどうだろう。

そうすると、腹立たしく思えていた人や状況が腹立たしくなくなり、場合によっては**好意的に思えるようにもなる。**

これは、相手や状況が変わったのではない。自分の見方が変わったのだ。

1. 人、もの、状況に対する見方が変わったときのことを書こう。それは、相手が変わったからなのか、それとも、あなたが新たな視点を得たからなのか？

2. 大嫌いな人やものを思い浮かべて、その人やものに対する意見を変えられないか考えてみてほしい。その人やものを好きになれたら（せめて嫌いでなくなったら）、あなたの人生はどう変わるだろうか？

33日目

反応をコントロールする

ものごとには、
自分の管理下にあるものと、
自分の管理下にない
ものがある。
自分の管理下にあるものは、
意見、選択、欲求、嫌悪、
つまり一言でいえば、
自分の行いに関するすべてだ。

――エピクテトス『要録』（第1章1）

コントロールできることとできないこと

エピクテトスは、身のまわりで起きることはコントロールできなくても、**自分自身の意見や選択、外からの刺激に対する反応や行動は自分で管理できる**と諭している。ときには、状況から距離を置くことしかできないこともある。だがこれは、私たちが無力だということではない。むしろ逆だ。自分に何がコントロールできるかを自覚することは、自由の究極のかたちなのだ。

1. 最近、イライラしたときのことを思い浮かべよう。その感情が生まれた根本的な原因は何だったか？　あなたにコントロールできなかったことは何だろう？　次に、視点を変えて考える。その状況で、あなたにコントロールが可能だったことは何だろう？　あなたの手に委ねられていたことを特定しよう。

2. 誰かに対して激しい怒りが生まれたときのことを思い出そう。あなたはその感情を胸にしまっておいただろうか、それとも、相手にぶつけただろうか？　あなたがとった「とっさの反応」はどのようなものだったか？　また、それに対して「思慮深い反応」はどのようなものと言えるだろう？　どちらの反応の仕方があなたの価値観に合っていると感じるか？

34日目

欲に流されるな

望むものすべてを
手に入れることは
誰にもできない。
しかし、自分にないものを
ほしがらず、
自分にもたらされたものを
喜んで活用することはできる。

——セネカ『ルキリウスに宛てた道徳書簡集』(書簡123・3)

欲には終わりがない

「もっとほしい」と思うものなら、いくらでも思い浮かぶ。しかし、多くを手にすることに幸せを見出すと、自分にあるものだけで満足できなくなってしまう。

望みが満たされれば次のものがほしくなるという、**終わりのない（そして高くつく）消費のサイクルにはまりこむ**のだ。

セネカは、すでに自分にあるもので満足することを覚えるほうが賢明だと考える。これは有形のものに限らず、寛容さや親切心といった目に見えないものについても同じだ。

1．自分にあってよかったと思う、目に見えない資質を10個リストアップする。さらに、持っていてよかったと思う、見たり触ったりできる所有物も10個あげよう（ヒント：感謝の気持ちやもっとほしいと思う気持ちが湧くものは何か、と考えてみるといい）。

2．人生において、いまあなたが「祝福したい」と思うことは何か？　理由も含めて3つあげよう。

35日目

人間の不完全さを受け入れる

誰かの恥知らずな行為に
腹が立ったときは、
直ちに自問せよ。
「では、恥知らずな人が
この世からいなくなる
ことはあるか?」と。
そんなことはありえない。
ならば、
ありえないことは求めるな。

——マルクス・アウレリウス『自省録』(第9巻42)

自分は何にどう反応するのか？

生きていれば、決して扱いやすくはない人や状況に対処しなければならないときはある。ストイシズムではその場合、外側（相手）ではなく内側（自分の反応）に目を向ける。マルクス・アウレリウスの言葉は、自分の反応は自分でコントロールできることを教えてくれる。**腹立たしいことに寛容になることも、自分でできる。**

今後の自分の行動をコントロールするには、自分が何をきっかけにしてどのような反応をするかを理解することが重要になると覚えておこう。

1. 誰かに神経を逆なでされたときのことを思い出してほしい。何がきっかけで、あなたに負の感情が生まれたのか？　きっかけとなった相手の言動や態度を具体的に3つあげよう。
2. その3つに対し、考えられる「否定的な反応」「中立的な反応」「きわめて前向きな反応」の3種類をそれぞれ書く（難しいかもしれないが、想像力を働かせれば、厄介な相手にとれる前向きな反応も考えつくはずだ）。そして書きとめた反応のなかから、次に同じ言動や態度に遭遇したときにとる反応を1つずつ選ぶ。なぜその反応が望ましいと思ったのか、理由も明らかにしよう。

36日目

異なる考えを尊重する

人間は互いのために存在する。他者を導くか、他者に耐え忍ぶかしかない。

——マルクス・アウレリウス『自省録』（第8巻59）

相手も「自分は正しい」と思っている

価値観を共有していない人と意思の疎通を図るのは難しい。

しかし、ストイシズムではすべての人が尊敬に値すると考えられており、道義的に間違っているように思える人でも例外ではない。そういう人に対しては、怒ったりせず、彼らの手本となる行動をとるようにする。ストイシズムの知恵は、次の2つを肝に銘じるよう説く。1つは、好きで間違う人はいないということ。間違ったことをしている人も、自分は正しいことをしていると思っている。そしてもう1つは、他者が何をしようとも、**自分は自分で満足を見出せる**ということだ。

彼らの行動を建設的に受け止め、再考を促しながらも尊重することはできるのだ。

1．あなたが付き合いづらいと感じている人を思い浮かべる。その人は「自分は正しい」と信じて行動しているのかもしれない。あなたとその人の状況を、第三者の視点から書き表してみよう。それは、相手を導ける状況と、相手に耐え忍ぶしかない状況のどちらだろうか？　あなたが今後とる行動を言葉にしよう。

2．あなたの性格に、誰かの性格の影響が及ぶことはあるだろうか？　あるにせよ、ないにせよ、その理由を説明しよう。

37日目

不測の事態に備える

誰もが、前もって準備しておいた脅威には
勇敢に立ち向かえるし、
どう向き合うかを事前に練習しておけば、
苦難にも耐えられる。
だが反対に、備えを怠っている者は、
取るに足りない些細なことが起こるだけで
うろたえる。
わたしたちは、
予期せぬ事態などないように
気をつけていなければならない。

――セネカ『ルキリウスに宛てた道徳書簡集』（書簡107・4）

「もっとも恐れていること」を思い描く

セネカによると、人生において苦難に対するうえでもっとも重要なことの1つは、備えることだという。

とはいえ、どうやって備えればいいのか?

古代では、「不幸に備えた熟考」が困難への備えに役立つテクニックとされた。ふだんからもっとも恐れていることを具体的に思い描き、それにどう対処するかを想定しておくのだ。

そうすれば、恐れていることが本当に起きたときに、**対処の仕方がすでに用意できているる**ことになる。

仮に何も起こらなかったなら、そのことに感謝して前に進めばよい。

1. あなたがいま現在抱えている不安の1つを思い浮かべる。その問題のことで何がいちばん気がかりか? それが現実に起こった場合、あなたはどのような反応をするだろう? 何を考え、何を言い、何をするか、具体的に言葉にしよう。

2. 備えがあると、勇気が湧いてくるだろうか? 備えと勇気の関係について考え、文章にまとめよう。

38日目

いい習慣を伸ばす

したいことがあるなら、
それをする習慣をつければいい。
したくないことがあるなら、
それをしないようにし、
代わりの何かをすることに
自分を慣れさせればいい。
これと同じ原理は、
心のなかで起きることにも当てはまる。
怒りを感じたときは、
悪いことがあなたに降りかかっただけでなく、
その感情が生じる習慣が強化されたことになる。
いわば火に油を注いだようなものだ。

——エピクテトス『語録』（第2巻第18章4-5）

郵便はがき

料金受取人払郵便

渋谷局承認

2196

差出有効期間
2026年12月
31日まで
※切手を貼らずに
お出しください

150-8790

130

〈受取人〉
東京都渋谷区
神宮前 6-12-17
株式会社ダイヤモンド社
「愛読者クラブ」行

本書をご購入くださり、誠にありがとうございます。
今後の企画の参考とさせていただきますので、表裏面の項目について選択・ご記入いただければ幸いです。

ご感想等はウェブでも受付中です（抽選で書籍プレゼントあり）▶

年齢	（　　　）歳	性別	男性 ／ 女性 ／ その他
お住まいの地域	（　　　）都道府県 （　　　）市区町村		
職業	会社員　経営者　公務員　教員・研究者　学生　主婦 自営業　無職　その他（　　　）		
業種	製造　インフラ関連　金融・保険　不動産・ゼネコン　商社・卸売 小売・外食・サービス　運輸　情報通信　マスコミ　教育 医療・福祉　公務　その他（　　　）		

DIAMOND 愛読者クラブ　メルマガ無料登録はこちら▶

書籍をもっと楽しむための情報をいち早くお届けします。ぜひご登録ください！
- 「読みたい本」と出合える厳選記事のご紹介
- 「学びを体験するイベント」のご案内・割引情報
- 会員限定「特典・プレゼント」のお知らせ

①本書をお買い上げいただいた理由は？
（新聞や雑誌で知って・タイトルにひかれて・著者や内容に興味がある　など）

②本書についての感想、ご意見などをお聞かせください
（よかったところ、悪かったところ・タイトル・著者・カバーデザイン・価格　など）

③本書のなかで一番よかったところ、心に残ったひと言など

④最近読んで、よかった本・雑誌・記事・HPなどを教えてください

⑤「こんな本があったら絶対に買う」というものがありましたら（解決したい悩みや、解消したい問題など）

⑥あなたのご意見・ご感想を、広告などの書籍のPRに使用してもよろしいですか？

1　可　　　2　不可

※ご協力ありがとうございました。

【STOIC 人生の教科書ストイシズム】119679●3110

「ネガティブな思考」を追い払う

古代のストア哲学者は、習慣や癖が持つ力を理解していた。ネガティブな考え（例：仕事に行きたくない）が脳裏に浮かぶのを許していれば、**不満が心の癖になってしまう。**

自分の心を賢明な知恵や美徳に向けるか、判断を誤ったことや不満に向けるか、選ぶのはあなた自身だ。

1．あなたが変えたいと思う思考の癖を見つけよう。その悪癖は、何をきっかけにして発動するか？

2．悪い癖が出そうになったら、何か別のことを思い浮かべてはどうか？　モットー、美徳、有益な（心の平静や幸福につながる）目標など、そのときに意識して思い浮かべることを決めよう。そして実際に思い浮かべられたかどうかを、1週間にわたって記録するといい。

39日目

自分の資源を使う

困難には良識で
立ち向かうとよい。
厳しいものは
和らげることができる。
狭いものは広げられる。
重い荷物は巧みに担(かつ)げば、
軽くできる。

――セネカ『心の平静について』(第10章4)

「自分の力」で問題に立ち向かう

ストイシズムでは、自分にある資質、技術、経験、ものの見方、長所を吟味(ぎんみ)したうえで困難に立ち向かうことが推奨される。

世界のありようを変えることはできなくても、自分の強みを場面に応じて切り替えながら活用し、**ものごとにうまく対処することならできる。**

困難な状況に直面したときに、怒りや苛立ちで思考を曇らせるのか、困難は人生につきものだと思えるかは、あなたにかかっている。

1．いま現在抱えている問題を1つ思い浮かべる。その問題にまつわる状況について、あなたの力で変えられることは何か？　また、変えられないことは何か？　その問題に巧みに対処するのに役立つものを、あなたの内面にあるものから5つ、あなたが物理的に所有しているものから5つあげよう。

2．セネカの言葉をあなたの人生に当てはめて、厳しいものを和らげること、狭いものを広げること、重い荷物を軽くすることの具体例を1つずつあげよう。

40日目

変化を受け入れる

未熟なブドウ、熟したブドウ、
干しブドウはいずれも
変化したのであり、
無に帰したわけではない。
存在しなかった
別の何かになったのだ。

――マルクス・アウレリウス『自省録』（第11巻35）

変化は自然なこと

変化とは単純に、ある状態から別の状態に移行するだけにすぎない。ストイシズムでは、**変化は人生にとって自然なこと**として受け入れ、抗(あらが)うべきではないとされている。

変化が起きたときに、崩壊ではなく新しい何かへの移行として受け止めることを学習すれば、老化、病、喪失などのつらい変化も穏やかに受け入れられるようになる。

1. この1年を振り返り、人生に影響を与えた変化を2つ以上書く。そうした変化に対し、あなたはどのような反応を見せたか？
2. これまでに経験した大きな変化を1つ選ぶ。その変化を「ある状態から別の状態へと移行する動き」としてとらえ、実験結果を説明する科学者になったつもりで、何がどうなったかを詳しく書き記そう。

41日目

逆境を受け止める

あまり風が吹きつけない
木が安定して丈夫に
育つことはない。
木は揺らされるからこそ
強くなり、しっかりと根を
張るようになる。
風のさえぎられた谷で
育った木はもろい。

――セネカ『摂理について』(第4章16)

困難があるから成長できる

セネカは私たちに、厳しい条件が課されることは理想的ではないかもしれないが、それは新たなスキルの習得や自信の獲得、自分への信頼を生むことにつながると教えてくれる。

木と同じで、つらい環境は人間の精神力を鍛え、**やり抜く力（グリット）やレジリエンスを育む**のだ。

逆境に対する受け止め方を変えれば、人生も変わる。

1. あなたが過去に出合った大きな困難を1つ選び、その困難においてもっともつらかった問題をあげる。次に、その問題についての受け止め方を変えてみよう。その問題に出合ったおかげで、鍛えられたと思える部分はないか？　過去に戻れるとしたら、その問題に出合わない道を選びたいと思うか？

2. 自分を木に見立てた場合、根や枝は丈夫だと思うか？　丈夫にせよ、丈夫でないにせよ、何が原因でそうなったのか？　逆境にあっても耐えられるか？　強くしたいと思っているもろい部分はあるか？

42日目

自分のなかを探検する

人生において何よりも重要な課題は、
ものごとを区別して比較考察したうえで、
自分にこう言い聞かせることだ。
「自分の外のことに自分の力は及ばないが、
道徳的判断は自分の力で行える。
善悪はどこに求めればよいのか？
自分の内だ。自分のなかに求めるのだ」

――エピクテトス『語録』（第2巻第5章4-5）

世界をどうとらえているか?

ストア哲学者たちは繰り返し、「自分の力が及ばない外のことは気にかけず、選択という自分の意志でできる行為に力を見出すにはどうすればいいか?」という問いに立ち返る。

エピクテトスの言葉は、**選択は各人の人格に根ざし、人格もまた各人の選択によって形成される**と教えてくれる。

私たちの世界のとらえ方は、自分のなかにあるものの産物である。その世界のとらえ方次第で、道徳心をどこまで大きくできるかが決まる。

1.善悪の判断を迫られたときのことを思い出してほしい。そのときのあなたを取り巻く状況を振り返り、あなたの力が及んだことと及ばなかったことを書き出そう。

2.自分の世界のとらえ方について、よいと思える側面を1つあげる。次に、いつもネガティブに考えてしまいがちな対象はないか考える。もしあれば、それを自分がよいと考えている世界のとらえ方でとらえるにはどうすればいいか考えてみよう。

43日目

意志を重視する

賢者は何をするにも
理由を重視し、
結果に関心を示さない。
始まりは自分で決められるが、
結果を決めるのは運だ。
しかし、わたしは運に判決を
下させるつもりはない。

——セネカ『ルキリウスに宛てた道徳書簡集』（書簡14・16）

結果より「意図」が大事

自分のとった行動の結果をコントロールすることはできないが、自分が何を志し、何をするかを決めることはできるとセネカは言う。

道徳的な選択は、「**自分は世界に何をもたらしたいか？**」という意志にもとづいて行われる。ストイシズムは、結果ではなく意図や行動に焦点を当てる。

1．いまあなたが抱えている課題を思い浮かべて、それをどうしたいと思っているのか、あなたの意図を書く。さらに2列の表を描き、その課題について、左の列には自分でコントロールできること（行動）、右の列には自分のコントロールが及ばないこと（結果）を列挙する。あなたの意図はどちらに属しているか考えよう。

2．賢明な判断（もしくは知恵）と運命の相互作用について考えてみてほしい。この2つはどのような関係にあるか？　この2つが対立することはあるか？　あなたの考えを書こう。

44日目

人生には
リズムがある

人生を40年観察するのも、
1万年観察するのも同じだ。
見えるものが
何か増えるとでもいうのか?

——マルクス・アウレリウス『自省録』(第7巻49)

宇宙の壮大な物語を感じる

誕生、結婚、死、愛、悲しみ、喜び、喪失、発見のように、細部は違っても、人生には「普遍的なパターン」と呼べるものがある。

ストイシズムは、**広大で荘厳な宇宙の物語の一部を担う**ことがいかに素晴らしいかを説き、人生のパターンがもたらす雄大なリズムの美しさに目を向けさせてくれる。

1. あなたの人生は、昔の人と比べてどう違うか？ 血縁者の誰か、もしくは特定の時代を生きた人の人生を想像して、比較してみよう。考える対象を過去の人の人生にまで広げることは、あなたの現状の理解を深めるうえでどのように役立つだろうか？
2. いまの人生と100年後の人生で、変わらず同じだと思うのはどういう部分か？

45日目

一人の時間と人といる時間

一人で、または小人数の仲間と
過ごすことになったときは、
それを平静ととらえ、
その状況を正しい目的に利用しなさい。
自分自身と対話し、
印象を感じ取る力を発揮し、
独自の認識を発展させるのだ。
一方、集団のなかに入ったときは、
遊戯や祭りや行楽ととらえ、
みなと陽気に過ごすことを心がけよ。

――エピクテトス『語録』（第4巻第4章26-27）

どんな状況もうまく生かす

ストア哲学者たちは、どこにいても、誰といても、その状況に感謝できると説く。生まれつき内向的な人も外向的な人も、一人でいるときか大勢に囲まれているときかに関係なく、**置かれている状況や関わる人たちの好ましいところ**を見つけることはできる。

1. 一人でいるときに、やって楽しいことや自分のためになることは何か？　また、自分のことをもっと深く理解するために何ができるか？
2. 小人数の仲間といるときに、彼らと強い絆を育むにはどうすればいいか？　集団でいることが苦手な人は、次に何かの集まりに出たときに自分なりに楽しむ方法をいくつか書き出してみよう。そこに集まった人たちが一致団結するような目的を考えたり、その集まりで自分のどんなエピソードを披露しようかと考えたりするのも一興だ。

46日目

不運を高潔に耐える

この出来事は、あなたの公正さ、
寛容さ、穏やかさ、良識、
浅はかな意見や嘘に動じない心の
妨げになるだろうか。
それは、謙虚さや自由をはじめとする、
あなたの本質が獲得し、
あなた固有のものとして存在する
性質のすべての妨げになるだろうか。
苛立ちを招くことが起きるたびに、
この原則に立ち返ることを思い出せ。
「これは不運ではない。
これを高潔に耐えることは幸運なのだ」と。

――マルクス・アウレリウス『自省録』（第4巻49）

「試練」に誠実に向き合う

痛み、苛立ち、傷心、逆境に見舞われるときは必ずある。

そうした試練を乗り越えるために必要なものが自分に備わっていることに感謝し、**運を呪ってはいけない**というのがストイシズムの教えだ。

練習を重ねれば、知恵と誠実さで試練に向き合えるようになり、不運に見舞われても美徳を維持し続けられるようになる。

1．5歳、20歳、50歳、100歳の人に対して、それぞれ「試練」の定義を説明するとしたらどうなるだろう。何か違いはあるだろうか？　その違いから、試練と時間の経過について何かわかることはあるか？

2．マルクス・アウレリウスにとって、不運を高潔に耐えることは幸運な経験だという。あなたが悲しみや苦しみのさなかに充実感や充足感を得たときのことを書こう。

47日目

正しい取っ手をつかむ

すべての事物には取っ手がふたつあるが、
つかむべき取っ手はどちらかひとつだけで、
もうひとつをつかんではいけない。
もし兄弟があなたに不当なことをしたなら、
その不当なことという取っ手をつかんではいけない。
……もうひとつの、彼は兄弟で、
ともに育った相手だという取っ手をつかめば、
つかむべき取っ手によって
出来事を把握することになる。

——エピクテトス『要録』(43)

相手が間違っていても「共感」はできる

エピクテトスのこの言葉は、視点と主体性の重要さを教えてくれる（状況をとらえる角度は1つではない！）。

私たちは、状況にどう対処するかだけでなく、**他者の責任への向き合い方をどうとらえるか**も決めることができる。

相手のしていることが正しいか間違っているかを判断できるときでも、相手が間違った取っ手をつかんでいることが明らかなときでも、相手とのつながりに目を向け、共感し理解することはできるはずだ。

1．この数日のあいだに、誰かに対して悲しみや苛立ち、怒りを感じ、ネガティブな反応を示した出来事を1つ選ぶ。そして、2つの取っ手のついた壺の絵を描く。この壺は、あなたが思い浮かべた出来事を表すものだ。壺の左側の取っ手のそばには、相手の行動とそれに対してあなたが感じたことを、右側の取っ手のそばには、相手とのつながりや相手と共有する価値観を書こう。

2．つかんではいけないほうの取っ手にとらわれたせいで「壺を落としてしまった」ときのことを書こう。

48日目

他者にいい影響を与える

ソクラテスは、
他者を支配している原則は
誰にも支配できないとよくわかっていた。
……他者が自分なりに最善に思う方法で
自分のことに取り組んでいるあいだ、
彼は彼で、自然と調和した状態を保ちつつ、
彼自身に関することだけを行っていた。
他者も自然と調和した状態に
なるまでそうしていた。

——エピクテトス『語録』（第4巻第5章4-5）

他人をコントロールすることはできない

エピクテトスは、他者を自分の思いどおりにしようとするものではないと諭している。いくら力を尽くしたところで、相手の考えやふるまいを支配することはできない。**自分の影響力の限界を受け入れる**ことで、「自然と調和した生き方（これは「美徳に則した生き方」のストイシズム的な表現だ）によって幸福に至れる」という考えを体現できるようになる。

1.「他者をコントロールするのではなく、他者にプラスの影響を与えることを考えるべきだ」というエピクテトスの意見にあなたは賛成か？　どうすれば、手本となる存在として周囲に影響を与えられるようになるだろうか？

2.誰かに何かを強要されそうになったときのことを思い出してほしい。そのときあなたはどう感じたか？　相手にどの程度支配されたか？　その体験から何を学べるか？

49日目

もしそれが
なかったら？

持っていないものよりも、
持っているものに
目を向けなさい。
持っているもののなかで
最良のものを選び、
もしそれがなかったら
どれほど強く
追い求めていたかと考えよ。

——マルクス・アウレリウス『自省録』（第7巻27）

「いまあるもの」のかけがえのなさ

昨今は感謝について語る人が多いが、その先陣を切った一人がマルクス・アウレリウスだ。

彼は感謝の心を抱き続ける最良の策を提案している。

あなたの大好きな人や場所、ものを思い浮かべて、**もしそれを持っていなかったらと想像してみる**のだ。

それがほしいという気持ちにどれほどなるだろうか。

1.「これがなかったら生きていけない」と思うものを10個リストアップする。人でも機会でも出来事でもかまわない。では、そのなかの3つを手放さねばならなくなったと仮定し、線で消そう。その3つを失ったら、それらへの気持ちはどう変わるだろうか？

2.あなたにとってもっとも影響力のある人は誰か？　ここではあえて血縁者以外で考えてほしい。もしその人物があなたの前に現れていなかったら、あなたの人生はどういうものになっていたと思うか書き記そう。

50日目

泥をぬぐう

人生で起こりうることは、
公衆浴場、人混み、旅で
起こりうることと同じで、
ものを投げつけられる
こともあれば、
何かにぶつかることもある。
人生は甘いものではない。

――セネカ『ルキリウスに宛てた道徳書簡集』（書簡107・2）

人生では悪いことも起きる

セネカは、生きていれば泥を浴びせられることもあると諭している。人生は悲劇ばかりだと決めつけるべきではないものの、**ときに顔が泥まみれになっても驚くには当たらない。**

ユーモアを保ちながら顔の泥をぬぐえるようになることも、レジリエンスの一環だ。

1. 泥まみれになったときのことを書こう。激しく落ち込んだとき、派手に打ち負かされたときのことを言葉にするのだ。あなたはそのとき、どのような反応をしたか？　それを契機に、ものの見方について変わった部分はあるか？　その出来事のなかで、ユーモアを感じられることはあったか？

2. あなたが遭遇した不運な事故やトラブルについて書こう。そのとき、どのような感情が湧き上がったか？　その状況に対処するために、あなたの内面に備わっているどの力を引き出したか？　そのアクシデントのあと、あなたのものの見方に変化はあったか？

51日目

自分を鍛える

わたしは快楽に傾きがちなので、
揺れる船の上であえて反対の方向に向かう。
そういう極端なことをするのは、
自分を鍛えるためだ。
わたしには苦労を避けたがるところがあるので、
印象を感じ取る力を鍛え訓練する。
そうすれば、
あらゆる苦労を嫌悪しなくなるから。
……そのように、人それぞれがそれぞれの
目的に応じて訓練をする必要がある。

――エピクテトス『語録』(第3巻第12章7−8)

自分の「弱み」を見つめる

エピクテトスは、自分のなかでもっとも改善が必要な部分を特定し、そこに努力を注ぎ込むよう呼びかけている。

そういう類いの内省は、煩わしく感じたり、ひどくつらいと感じたりするものだが、**よりよい人生にするためには避けては通れない**。

ストイシズムでは、「いちばんの弱みは何か」や「どのようにして苦労から逃げているか」と折に触れて自問することが当然とされている。

1. あなたの性格や生活で改善が必要な部分はどこか？　思いつくものをすべて書き出そう。そして、あなたの人生にもっとも強く影響するもの3つにマルをつけよう。

2. 自分の責任を果たす際、どのような手順を踏んでいるか？　そのプロセスを言葉で表そう。明確に決まっていないなら、この機会に整理してみよう。あなたにとって、責任を果たすとは何を表しているだろう？　職場、プライベート、なじみのない場面で、それはどう表れているだろうか？

52日目

怒りを手なずける

わたしたちの心をかき乱すのは、
他者の行動ではない。
なぜなら他者の行動の根拠は、
彼らを支配している道義のなかにあるからだ。
わたしたちの心をかき乱すのは、
自分の意見にほかならない。
そうした意見は捨て去り、
他者の行動を嘆かわしいものとみなす判断を
却下すると決意せよ。
そうすれば、怒りは消え去る。

――マルクス・アウレリウス『自省録』（第11巻18）

他者に自分への影響力を持たせるな

「他者の行動が影響力を持つのは、自分がそうさせているからだ」という考えを受け入れる。

これがストイシズムの中核をなす価値観であることは、もうおわかりだろう。

誰かから不当な扱いを受けたと思えば、怒りの感情が生まれる。

そして、**不当な扱いを受けたと思うことをやめると、怒りは消える。**

言ってしまえば、怒りは「傷つけられた」という感情に付随するものだ。

他者の行動が明らかに攻撃的だったり、不当だったり、あるいは道義に反しているとしても、自分の反応の責任はつねに自分で負う。それがストイシズムだ。

1．マルクス・アウレリウスの、「人の心をかき乱すのは、他者の行動ではなくそれに対する自分の意見」という見解にあなたは賛成か？　また、例外はあるか？

2．怒りを素早く収めるコツは何かあるか？　また、怒りが収まりづらくなる要因や、どうにも収まらないと感じさせる理由には何があるか？

53日目

他人の立場で考える

誰も行為をした人の意図を考えず、
ただ行われたことだけを見ている。
しかし、意図を考えるべきだ。
その人は意図的にそれを行ったのか、
偶然行ったのか、強制されて行ったのか、
間違いで行ったのか、
……自分を喜ばせるために行ったのか、
友人のために行ったのか。

――セネカ『怒りについて』（第3巻第12章2）

人を公正に評価するとは？

ストイシズムは、怒りの感情について内省するよう私たちを促す。セネカは事態のもっとも悪い側面を見るのではなく、相手の動機について多面的に考えるよう説く。あなたを怒らせる行動をとった人は、誰かを助けたい一心でその行動をとったのかもしれず、その誰かとはあなたかもしれない。

動機について多面的に考えるのは、**相手の意図や行動をできるかぎり公正にとらえる**ためだとセネカは強調する。

1．友人や家族と最近ケンカしたときのことを思い出してほしい。あなた側から見た詳細は、すでにあなたの頭のなかにある。では、相手の視点からそのケンカを説明するとどうなるか？　相手の立場からあなたに宛てて手紙を書き、相手の正当性や口論となった理由を説明しよう。

2．これまでにあなたが犯したことのある失敗を5つあげる。そして、よく意見が対立する人や、最近、意見が合わなかった人を頭に思い浮かべる。その人が犯した失敗、もしくは何度も繰り返す間違いにはどういうものがあるか？　それとあなた自身の失敗に重なる部分はないか考えてみよう。

54日目

人を信頼する

わたしたちは、
まるで航海に出ているかのように行動している。
わたしに果たせる務めは何か？
操舵手、乗員、日取り、好機を選ぶことだ。
そして、嵐がやってくる。
さて、それでわたしに何を懸念しろというのか？
わたしの務めはすでに果たした。
その問題は別の誰か、
つまりは操舵手が担うものだ。

――エピクテトス『語録』（第2巻第5章10-11）

コントロールを手放す

権力や立場がどういうものであれ、人が影響を及ぼせる範囲には限りがある。それを越えたらできることは何もないので、コントロールを手放し、**自分の行った努力が最善の結果をもたらすと信じる**ほかない。

誰かを操舵手として選んだなら、その人には航海を無事に続ける知恵と能力があると信頼して任せる。

それが受け入れるということだ。

1. 最近、あなたが誰かを心から完全に信頼したのはいつか？　それほどの信頼を可能にした条件は何だったか？　とくに条件が思い浮かばなければ、自分でコントロールすることをあきらめるために必要な条件は何か、考えてみよう。
2. すべては無理にせよ、自分でコントロールできる部分もある分野（健康、人間関係、仕事上のプロジェクトなど）を1つ選ぶ。その分野を良好に保つために、どんな努力を費やしているか？

55日目

死に向き合う

わたしは永遠ではなく、
人間だ。
一時間が一日の一部で
あるように、全体の一部だ。
わたしは一時間として生まれ、
ほかの一時間と同じように
過ぎ去らねばならない。

――エピクテトス『語録』（第2巻第5章13）

死を思うと、何がしたくなるか？

自分の死に向き合うことは、人生でもっともつらいことのひとつだ。しかし、エピクテトスが諭すように、死は人間の条件に含まれている。というより、人生で数少ない、確実に起こることのひとつだ。

ストイシズムの教えでは、**「私たちの存在ははかない」**という揺るぎない事実を尊重し、死の必然性を受け入れ、自分の死を壮大な物語の一部とみなすよう説いている。

1．死について考えたとき、どのような思いが頭に浮かんでくるか？　それを考えたとき、あなたの身体に物理的な変化が何か起きるか？　自分は全体のなかの一部だと思うと、安心感が芽生えるだろうか？

2．死は必然だと考えると、何か行動を起こしたくなるのではないか。「いますぐ感謝を伝えたい人」「今日から習慣にする自分のためになる行為」「今日寝るまでに必ず行う小さな親切」を書き出そう。

56日目

かりそめの恵み

素晴らしい兄弟がいたことは
最大の恵みだったと
受け止めるのがよいでしょう。
一緒に過ごせたかもしれない
年月の長さについて考える必要はなく、
一緒にいた年月に思いを馳せるのです。
あなたに兄弟を授けたのは自然であり、
自然は他の人に対してと同様、
あなたに絶対的な所有物としてではなく
貸与物として兄弟を授けました。
そして時期が来たと判断したときに、
自らのもとへ戻したのです。

——セネカ『ポリュビウスに宛てた慰めの書』（第10章6）

喪失を受け入れる

愛する人がいずれ失われることを嘆くのではなく、愛する人と一緒にいられる時間に感謝するようセネカは説く。

この哲学は、富の獲得や仕事上での成長、家族の誕生といったあらゆる種類の幸運に当てはまる。

ストイシズムは、**すべてはかりそめにしか存在しないと受け入れる**ことにより、喪失を恐れなくなることを目指す。そうして、自然がもたらす循環の美しさを讃え、存在している人やものに感謝するのだ。

1. あなたにとって大切な人を一人選び、その人を讃える数行の文章を書こう。その人のどういう部分があなたにとって特別で、大切なのか？　その人と知り合えたことへの感謝の気持ちを言葉で表そう。
2. 愛する人を失った経験のある人は、その人の生涯を讃える文章を書く。その人はどのように特別で、大事な存在だったのか？　その人と知り合えたことへの感謝の気持ちを言葉で表そう。

57日目

やるべきことをやる

義務を果たそうというときに、
寒いとか暑いとかを気にするな。
眠くても、よく寝てすっきりしていても、
罵(ののし)られても、褒められても、
死を目前にしていても、
別のことをしていても同じだ。
死ぬことも人生の行為の一つにすぎない。
よって、いまやっていることを
よくやれば、それで十分である。

――マルクス・アウレリウス『自省録』(第6巻2)

つねに真摯に行動する

マルクス・アウレリウスにとっての義務は、ローマ皇帝としての責務を果たすことに加えて、美徳の実践も含んでいた。

ストイシズムでは、**賢明で、公正で、勇敢であることが各人にとって何より重要な責務**であり、会議をしていても、病気と闘っていてもそれは同じだ。どこにいても、何をしていても、美徳に則した行動を心がけてほしい。

1. 明日あなたの人生が終わるとしたら、あなたのことを葬儀でどのように語ってもらいたいか？　そう語ってもらえる人になるために、まずは今日、どんなステップを踏むことができるかを考えよう。
2. いま現在、あなたが抱えているいちばんの難題は何か？　その難題に高い道徳心を持った人として挑む、つまり美徳を実践しながら取り組むには、具体的に何をすればいいか？

58日目

つかめなかったものを取り戻す

最初に志したことのうち、
成し遂げたことと、
成し遂げられなかったことについて考えよ。
また、思い出すと嬉しくなることと、
思い出すと苦しくなることについても考え、
できることなら、つかみ損ねたものを
取り戻すようにせよ。
最大の勝負に挑む者は、
ひるまず打撃も受けなくてはならない。

――エピクテトス『語録』(第3巻第25章1-2)

「できたこと」と「できなかったこと」を考える

1. この1年で成し遂げたことを1つ思い浮かべる。それについて誇らしく思うのはなぜか？　その気持ちにあなたの美徳がどう関係しているかを書こう。それから、やり直したい――修正したい、改善したい、和解したい――ことも1つ思い浮かべる。当時は何がうまくいかなかったのか？　その後あなたが習得したスキルのなかで、当時よりうまくやるために活用できるものは何か？
2. 51日目であげた、改善が必要な部分を思い出してほしい。どのくらい改善したか、進捗を簡潔にまとめよう。必要なら次の段階として行うべきことを記し、今週中に実行に移そう。

59日目

この瞬間に集中する

すべてを捨て、
ごく一部の守るべきことを
しっかり守れ。
そのうえで、
誰もがこの現在という、
不可分の一点である時間だけを
生きているのだと肝に銘じよ。
この瞬間以外の人生はすべて、
過去か不確かなものである。

――マルクス・アウレリウス『自省録』(第3巻10)

「いま」という時間を感じる

マルクス・アウレリウスは、私たちの経験はすべて「いま現在」という不可分の瞬間の連続のなかで起こっていると諭している。

現状の自分自身と自分を取り巻く世界を受け入れると、いまこの瞬間に自分が行っていることに安心して身を委ねられるようになる。過去や未来のことを気に病まず、いまという瞬間の充実に専念できるようになる。

1. 5分のタイマーをセットして、座ってゆっくりできる場所で落ち着いたら、あなたの思考を観察しよう。あなたの意識は過去や未来をさまよっているだろうか？　負の感情が生じたら、それはたんなる意見であって事実ではないと自分に言い聞かせ、いまという瞬間に意識を戻す。タイマーが鳴ったら、その5分間で気づいたことを書き出そう。あなたの思考は何をしていたか？　あなた自身についてわかったことは何か？

2. いまという瞬間に完全に没入できたときのことを書き出そう。没入できたのは、どのような条件があったからだと思うか？

60日目

平静と自由を手に入れる

人を興奮、もしくは恐れさせる、
ありとあらゆるものを駆逐すれば、
終わりなき平静と自由が訪れる。
……そうしてわたしたちは
計り知れないほど大きく、
変わることのない安定した喜びと、
静かに安らいだ大らかな心、
そして思いやりを得るのだ。

――セネカ『幸福な人生について』（第3章4）

痛みも一つの経験にすぎない

ストイシズムでは、痛みや喪失も、喜びや満足と大きくは変わらない人間の経験の一部とみなす。それらは世界の根底にある性質として、ただ存在するものにすぎない。**それが何であれ、いまそこにあるものを受け入れて生きる**ことが当たり前になれば、この世界の大きな生きたシステムのなかで人間として経験することを素直に受け入れやすくなる。

そうして自分を取り巻くものの美しさを目の当たりにしたときに、一人の生きた存在として内面的な喜びを見出せるようになれば、心を平静に保つことができる。

1. あなたの内面の条件——外で起きたことに柔軟に反応できる性格や能力——が、心の平静を左右する。平静を得るのに適した内面を整えるにはどうすればいいか？　心の環境を適切な状態に保つうえで、毎日のルーティンに落とし込める行動やヒントを書こう。

2. 第2章のこの30日間であなたの心にいちばん響いた引用の言葉を書き出そう。その文言は、あなたにとってどんな意味を持っているか？　その文言をスマホの待ち受け画面に表示させて、繰り返し胸に刻むことをお勧めする。

第3章

LIVING WITH VIRTUE

美徳とともに生きる

これまでの章を通じて、
自分について深く知り、
自分を取り巻く人や出来事を
広い心で受け入れながら生きていく
ストイシズムの心構えを育んだ。
本章では、自分の目的と価値観に則した

日常生活を送るには、
つまり、明確な意志を携えて生きていくには
どうすればいいかを学んでいく。
具体的には、寛容さと心の自由の結びつきを探求し、
誠実であることが、永続的な幸福に
どう関係するかを明らかにする。
90日目のレッスンを終えたときには、
学びという鍛錬を続けたことにより、地に足がつき、
自信にあふれた状態で世界と向き合い、
公正で賢明な判断を下せるようになっている
自分に気づくだろう。
それこそまさにストイックな生き方である。

61日目

美徳を実践する

わたしたちは
きびきびとした足取りで、
よりよい方向へ
足を踏み入れていかなくてはならない。
そのような人生には、
知る価値のあるさまざまなこと、
つまり美徳を好んで実践すること、
情欲を忘れること、
生と死について理解すること、
そして深い安らぎを得られる生活が
待ち受けている。

――セネカ『人生の短さについて』（第19章2）

興奮した感情から自由になる

古代ギリシアにおいて、哲学は「情欲」を治療するものとみなされていた。情欲という言葉は当時、怒りや不安、貪欲(どんよく)、妬(ねた)みといった強い感情を表すときに使用された。ストイシズムでは、自分の置かれている状況への反応は自分で決められるため、そうした感情からの自由を約束している。

情欲から自由になると、**心が穏やかになり、安らぐことができる。**

セネカの言葉は美徳を拠(よ)りどころとすることを促すものだ。美徳を日々実践していれば、興奮した感情に反応しなくなり、意義深い目的に則した生き方ができるようになる。

1. セネカはなぜ、美徳を「習得」するのではなく、「実践」すると唱えているのか、考えてみてほしい。また、あなたにとっての大事な美徳をこの1週間で実践する具体策を3つあげよう。
2. 美徳を意識することが、自分に害をなす反応を抑えることにどう関係するのか? また、自分のためになる感情や言動を増やすことにもつながるのか、考えてみよう。

62日目

生きるための技術

哲学は人の外側にあるものの所有を
保障するものではない。
そんなことをすれば、
その本来の対象の外側にあるものまで
引き受けることになってしまう。
大工にとっては木、
彫刻家にとっては青銅が素材であるように、
生きるための技術の素材は、
各人の人生なのだから。

――エピクテトス『語録』（第1巻第15章2）

「人生という作品」を彫り上げる

ストア哲学者たちはしばしば哲学のことを、生きていくための技術だと言及している。人はみな、自分の人生を彫り上げる芸術家なのだ。

人生の素材となるのは、人の外側にある所有物(お金、社会的地位、仕事の成功)ではない。**人の内側にある思考や人格**だ。

自分に備わっているそうした素材を活用することで、美しく素晴らしい偉大な作品を生み出すことができる。

1. いまのあなたに、自分で自分の人生をかたちづくっているという実感はあるか? それをもっと強く実感するにはどうすればいいと思うか?

2. 人生をかたちづくるうえで、あなたが活用しているツールはどういうものか?
(例:本を読む、日記を書く、瞑想する、ルーティンに従って行動する、メンタルを支えるさまざまな方法を取り入れる)

63日目

よい人間になる

あなたの技能は何か?
よい人間になることである。
宇宙の本質や
人間の本質についての
一般原則の理解なくして、
どうやってそれを
成し遂げられるというのか?

——マルクス・アウレリウス『自省録』(第11巻5)

自分を理解し、世界を理解する

創作物にエネルギーを吹き込むには、どんな芸術家も基本的な原則を習得する必要がある。

それは、人生をかたちづくるうえでも例外ではない。

マルクス・アウレリウスは、よい人生を送るには、**人間の本質と、宇宙における人間の位置についての基本的な理解が必要**だと説いている。

自分自身でコントロールできることが、周囲への自らの反応だけなのであれば、自らの選択こそが、自分の人生を描くキャンバスとなる。

1．これからの1週間、あなたが何かを選択する際に指針とする美徳を、「知恵、正義、勇気、節制」のなかから1つ選ぼう。そして、具体的にどのように指針とするかを説明しよう。

2．いま現在のあなたの人生のなかで、もっとも強く感じられる美徳は何か？ その美徳は、たとえば「宇宙における自分の位置」など、大きな視点とどのように結びついているか？

64日目

日々の
マインドセット

わたしがどのように食べ、どのように飲み、
どのように眠り、どのように耐え、
どのように自制し、どのように協力し、
どのように欲求し、どのように嫌悪するのか、
そして、生まれつき得た関係か
後天的に得た関係かにかかわらず、
混乱や支障をきたすことなく、
わたしがどのように
人間関係を維持しているかを見てほしい。
それらがわかるのであれば、
それらにもとづいて
わたしのことを判断してもらいたい。

――エピクテトス『語録』（第4巻第8章20）

ストイシズムを生活に組み込む

ストイシズムの考え方に共感する人は多いが、これを実際にあなたの日常生活に組み込めるかどうか、考えてみてほしい。

自分が掲げる信条を、**一日を通して頭に思い浮かべているだろうか？**

自分の外側にあるものではなく、知恵や勇気といった内側にあるものに、自分の気持ちを向けているだろうか？

エピクテトスによると、ストイシズムは危機に瀕して初めて使うものではない。それは生き方であり、毎日、心構えや行動を正しい方向に導いてくれるものだ。

1．あなたが食事をする場面、睡眠をとる場面、欲求をコントロールする場面、人間関係を維持する場面において、ストイシズムの美徳をどのように生かせるかをそれぞれまとめよう。そして、これから育てたい美徳を1つ選び、それが成長したらどうなるか想像してみよう。

2．あなたが成し遂げたいと思っている目標の実現を阻んでいるものを特定する。それに対し、あなたはどのような心構えでいるか？　その心構えが行動にどう影響しているか？

65日目

エメラルドのように

誰が何をしようと、何を言おうと、
わたしはよい人間でなければならない。
金やエメラルドや紫は、
絶えずこう口にしているであろう。
「誰が何をしようと、何を言おうと、
わたしはエメラルドとして、わたしの色を
守り続けねばならない」と。
それと同じだ。

――マルクス・アウレリウス『自省録』（第7巻15）

「真の色」を発するには？

まわりにいる人たちの心構えや価値観が自分と同じでない場合、彼らの不評を買う決断を下しづらいと感じることがある。

しかし、マルクス・アウレリウスが言うように、**他者から自分の選択をどう思われても、自分という人間は何も変わらない**。エメラルドは周囲に称賛されてもされなくても、光り輝く緑色をしている。

あなたの要となる部分もエメラルドと同じで、他者から何をされても、何を言われても、決して変わらない。

1．宝石には固有の色があるが、磨けばその色はさらに光り輝く。あなたの人格は何色だろう？　その色調はどの美徳を表すものだろう？　あなたの人格に磨きをかけて、真の色を発する方法を2つ考えよう。

2．多くの宝石は、その硬度と耐久性が高いことで知られる。あなたの「不動の特性」は何か？　また、あなたの内面的な強みをどう生かせばあなたの輝きが増すか考えてみよう。

66日目

天を見上げる

人間の至福が完全に成就するのは、
すべての悪徳を踏みつけ、
魂が高みを求めて自然界の内奥に
到達したときである。
天の星を散策し、
うわべを飾った金持ちの広間や
大量の黄金が眠る地上のすべてを
軽蔑とともに見下ろせたなら、
どれほど気持ちのいいことか。

——セネカ『自然研究』（序文7）

「自然」とつながる

ストイシズムでは、救いを求めて住処（すみか）を離れる必要はないとされる。慰めや瞑想が必要であれば、いつでも頭上に空がある。**慌ただしい日々のなか、立ち止まることは欠かせない。**そのときに、空を見上げるのだ。

宇宙の広大さや私たちが暮らす惑星の壮麗さに思いを馳せれば、自分の限界を実感し、抱えている問題の大きさを適切に認識できるようになる。

1．これまでに、自然を通じて自分の生き方についての理解が深まった経験はあるか？

2．5分のタイマーをセットして、空を眺められる場所を探そう。どういう場所が思い浮かぶだろうか？　家から出なくても自然とつながれる方法を3つ書き出してみよう。

67日目

意志を貫く

自分の意志を貫いて
生きる人は自由であり、
強制されず、妨害されず、
力で支配されることもなく、
選択を妨げられることもない。
自ら欲して目的を成し遂げ、
嫌悪するものには
巻き込まれない。

――エピクテトス『語録』（第4巻第1章1）

自分の反応を自分で選ぶ

多くの人は、制約や義務から自由になりたいと切望する。また、お金や時間はもっとほしいし、自分が持っていないものを手にしたいと願う。

一方、エピクテトスにとって、自由は自由意志で選択を行うことを意味する。ストイシズムは状況が変わることを願うのではなく、**自分の心構えや決断を、責務に沿うよう適応させる**ことを促す。

自由とは、自分の力が及ぶものをつねに自分で正しくコントロールできること、つまり、申し分のない人格を身につけ、高潔な選択ができるようになることである。

1. いま現在、あなたに課されている義務や制約を書き出そう。また、自由の意味を「自分の反応を自分で選ぶ力がある」という意味にとらえ直すことはできるだろうか？　そのような自由は、あなたの目にはどう映るか？

2. 9マスの表を作成し、最上段にはあなたが変えたいと思っている状況を3つ書き、2段目にはそれらを変えるために活用できる美徳をそれぞれ書く。そして3段目には、現状を動かすために行うと決めたことをそれぞれ書こう。

68日目

すべての人に共感を抱く

哲学がもたらすと
約束する
最初のものが、
すべての人と通じ合う感情、
つまり共感と
社交性である。

――セネカ『ルキリウスに宛てた道徳書簡集』（書簡5・4）

他者に愛情をもって接する

ストイシズムは個々人の支えとなることを目的とするものだが、その中心には共同体における行動指針が存在する。

それは、愛情、思いやり、他者への関心と敬意だ。

ストイシズムでは、人間は生まれつき社会的な生き物で、集団で協力し合って生きていくようにできている、と考えられている。

一方で、理性的な共感と疲弊を招く情動的な共感は別物であると考えられている。

理性的な共感から行動を起こすと、**相手も自分と同じ人間であるという深く確かな理解**から、優しさが湧き上がる（この優しさはたんなる情動的な反応ではない）。その気持ちがあれば、何が起ころうとも動じずに、他者を思いやれるようになる。

1．家族や友人だけでなく、ありとあらゆる人に「仲間意識」を抱くべきだという意見にあなたは賛成か？　あなたの生活は、よその街やよその国にいる人とどのように関わりを持っているか考えてみよう。

2．誰かの世話をしたときの経験を書こう。その相手に抱いた感情を言葉にするのだ。その感情によって、あなたの人生はどう豊かになったか？

69日目

正しく人を見抜く

正しい判断から生じた行動だけが
よい行いで、
悪しき判断から生じた行動は
悪しき行いである。
人がとる一つひとつの行動の背景に
どのような判断があったかを知るまでは、
褒めても責めてもいけない。

――エピクテトス『語録』（第4巻第8章3）

行動の「背景」を考える

他者について性急に判断を下すことはやめたほうがいい。

エピクテトスが言うように、正確な判断を下せるだけの十分な情報が揃っていることはめったにないのだから。

自分が知らないだけで、**他者がとる行動にも正当な理由がある**ことは十分に考えられる。

ストイシズムの知恵では、「疑わしきは罰せず」が推奨されている。相手の意図がわかって初めて、相手の行動を賢明に評価できる。

1．誰かについて下した判断が、のちに間違っていたと発覚したときのことを思い出してほしい。その判断はどういうものだったか？　性急に判断を下すことを思いとどまっていたら、状況はどうなっていたと思うか？
2．あなたが誰かに対して下している判断を思い浮かべよう。そして、その判断を精査してみる。その判断は正しいと言えるか？　どのような証拠があれば、その判断は誤りだとなるか？　当事者の言い分も尋ねてみよう。

70日目

仲間を愛する

自分に割り当てられた
環境に適応し、
自分に仲間として
授かった人々を愛せ。
偽りなく
心から愛するのだ。

――マルクス・アウレリウス『自省録』（第6巻39）

「こうあるべき」という期待を手放す

マルクス・アウレリウスにとって、自分と他者を愛することの秘訣は「受け入れること」だという。

それには、**自分が「こうあるべき」と考えている期待を他者にかけなくなる**ことも含まれる。

期待を手放すと、それまで以上に優しくなれるばかりか、愛情がより誠実なものとなり、幸福を見出す力も上がる。

この意味において、適応力は平静をもたらすと言える。

1．1分のタイマーをセットし、愛する人を思い浮かべる。そしてその人の魅力となる特徴や、その人と過ごした楽しいひとときを思い返そう。どんなことが頭に浮かんだか？　どんな気持ちになったか？

2．1分のタイマーをセットし、扱いに苦労している人を思い浮かべる。そしてその人の長所をできるだけたくさん見つけよう。また、あなたが気づいていない長所として、その当人ならどういう部分をあげるか想像して書いてみよう。

71日目

快楽の奴隷になるな

人は快楽に身を投じ、
それが当たり前になってしまうと、
快楽なしでは何もできなくなる。
これほど悲惨なことはない。
かつては不要だったものが、
なくてはならないものに
なってしまったのだから。
それではもう快楽の奴隷であり、
快楽を楽しんでいない。

――セネカ『ルキリウスに宛てた道徳書簡集』(書簡39・6)

自分を縛っているものは何か？

セネカは、欲望と不幸の厄介な関係を思い出させてくれる。人は消費のサイクル——つねに次を切望する状態——に入った瞬間から、**内面の充足を自分でコントロールできなくなる**のだ。

「これがないと生きていけない」というものがある状態で、真の幸福を手にできるだろうか？

ストイシズムでは、幸福が贅沢に依存していないときに、尊い自由を手にできるとされている。

1.「これがない（これをしない）と生きていけない」と思うものは何か？　それなしで1週間過ごすことになったら、あなたの生活はどうなるだろう？

2.あなたがつい買ってしまうものは何か？　それを買うときのお決まりのパターンはないだろうか？　また、それを買うとどういう気持ちになり、その感情がどのくらい続くか考えてみよう。

72日目

どうすれば十分か？

いま持っている意見が
理性にもとづくもので、
いま行っていることが
社会のためになることで、
いまの心の持ちようが
起きることすべてに
満足するものであれば、
それで十分だ。

――マルクス・アウレリウス『自省録』（第9巻6）

何があっても「平静」を保つ

ストイシズムにとって真の満足とは、どのような苦しい状況にあっても、現状に対して平静でいられることを意味する。

つまり、**自分の身に起きることや自分のまわりで起きることを受け入れられる**ように努力する必要があるということだ。

理性を鍛え、他者を公正に扱い、世の中の喜びや悲しみを真摯（しんし）に受け入れる素養を育むことで、満足した人生を送る力をつけることができる。

1．この1年のあいだに「自分にとって明らかになったこと」「誰かを思いやってとった行動」「受け入れがたかったが何とか受け入れることができたこと」を1つずつ書き出す。書き終えたら、どのような感情が湧き上がるか、確かめてみよう。

2．SNSで友人に向けて公開することをイメージして、「いまの自分の状態に満足しているから、○○をしない（買わない）ことにした」という投稿を書いてみよう。

73日目

気晴らしの時間を持つ

行動は怠惰にするな。
会話の筋道を失うな。
思考をさまよわせるな。
魂を内なる議論に浸らせたり、
外に噴出させたりするな。
気晴らしの時間がないほど
日々を忙しくするな。

——マルクス・アウレリウス『自省録』（第8巻51）

落ち着いて、頭をすっきりさせる

ストイシズムでは、頭をすっきりさせ、気力を養うための時間を設けることが重要だとされている。

それは、ときには会合などへの参加を見合わせる理由にもなれば、ときにはむしろ人と経験を共有する時間や深い話をする時間を確保する理由にもなる。

いずれにせよ、**「気晴らしのため」という認識や目的をその時間に持ち込む**ことが大切なのだ。

ずっと忙しい状態でいると、気晴らしが必要なタイミングや、気晴らしを終えるタイミングを教えてくれるバロメーターが働かなくなる。時間を決めて気晴らしを行うことが、真の満足をもたらす考えや行動への近道なのだ。

1.頭や心にとっての「ジャンクフード」のリストを作成する。そういうものを摂取しすぎるとどうなるか？　そういうものが、思考、肉体、精神に与える影響について考えてみよう。

2.どのような気晴らしを行えば、雑念が払われて精神的にリフレッシュできるか？

74日目

絶えず注意を払う

なぜ絶えず注意を払おうとしないのか？
「今日は遊びたい」というなら、
注意を払いながら遊べばいいのではないか？
「歌いたい」というなら、
注意を払いながら歌えばいいのではないか？
……注意を払うせいで悪くなることや、
注意を払わないからよくなることが何かあるのか？
注意を払わない人のほうがうまくいくということが、
人生において存在するとでもいうのか？

――エピクテトス『語録』（第4巻第12章3-5）

「意志」をもって行動する

「注意が向かうところにエネルギーが流れる」という格言を聞いたことがある人もいるだろう。これはストイシズムの要となる原則の本質を表している。

ストイシズムでは注意を態度、意見、選択、行動に結びつけている。自分を取り巻く環境や、そのなかで得る経験に**しっかりと注意を向けるほど、意志をもって選択できる**ようになる。

ストイシズムにとっては、行動そのものより行動に込められた意志のほうが重要である。

1．注意はいわば、目的に光を当てるスポットライトのようなものだ。あなたの人生のなかで、スポットライトを当てたいものを5つあげるとしたら何になるだろうか？　5つ選んだら、そこにフォーカスするための最初の一歩となる行動をそれぞれ特定しよう。

2．完全に没頭していたと思えるプロジェクトや活動を1つあげよう。それほど注意を向け続けることができたのは、どういう条件が整っていたからだと思うか？

75日目

つねに優しくあれ

思いやりは、身近な人に
横柄になることを許さず、
身近な人を貪(むさぼ)ることを
許さない。
思いやりがあると、
すべての人に対する
言葉と行動と感情が、
穏やかで優しいものになる。

——セネカ『ルキリウスに宛てた道徳書簡集』(書簡88・30)

自分もまわりも幸せにする

誰かに言いくるめられた経験や、愛情や承認や注目を強要された経験は誰にでもある。こういうこと以上に人との距離を遠ざけるものは、ほとんどない。ストイシズムは、人間どうしのやりとりは思いやりをもって行うように促す。思いやりを示すのに、大きな声や強く要求する姿勢は必要ない。人間は生まれつき、**時間や資源を喜んで分かち合う**ようにできている。他者を思いやる姿勢を示せば、自分は穏やかで優しい気持ち——と同時に力強さ——を覚え、周囲にいる人たちは幸せになる。

1.見返りを求められることなく優しくしてもらったときのことを書こう。その優しさに触れて、あなたはどのような行動をとったか？　また、どのような気持ちになったか？

2.思いやりを示したい相手を三人思い浮かべて、感謝の気持ちやいつも気にかけていることを伝えるための行動をそれぞれ考えよう。さらに、その行動への評価や見返りを期待せず、自然なかたちで思いやりを示すにはどうすればいいかも考えて書こう。

76日目

間違っている相手を理解する

何に不満があるのか？
人間の悪についてか？
ならば、この結論を思い出せ。
理性的な動物は
互いのために存在し、
耐えることは
正義の一部であり、
人は意図せず間違いを犯す
ということを。

――マルクス・アウレリウス『自省録』（第4巻3）

敵対する相手にも敬意を抱く

ストア哲学者たちは、人は意図せず間違いを犯すものだと考える。誰も「間違ったこと」をしたいとは思っておらず、端から見れば的はずれなことに思えても、本人はむしろ「正しいことをしている」と信じている、と。そう考えるようにすれば、最初は苛立ちや腹立たしさや怒りを感じた相手にも、思いやりを発揮しやすくなる。

ストイシズムが説く正義は、**すべての人間に共感と敬意をもって接する**ことを意味し、それはやることなすことすべてに賛同できない相手であっても例外ではない。

1．偉大な政治家や宗教指導者のなかには、自分と反対の立場の人にも和やかに接する人たちがいる。考え方や政治的思想の敵対者に敬意をもって接し、ときには思いやりをも見せる人は、なぜ世間から称賛されるのか？ そういうふるまいは、その人がどういう人間だと伝えているか？

2．あなたが個人的に我慢ならない人を一人、思い浮かべてほしい。その人は、「自分は正しいことをしている」と信じているのではないだろうか？ 「人は意図せず間違いを犯すものだ」という考えのもとに、思いやりを示せるようになる方法を1つ考案しよう。

77日目

自分の条件を知る

自分は何者で、
自分に与えられた役割は何かを
心に留めておかなくてはならない。
社会のなかでの役割に応じて、
義務を果たすよう自らの行動を導くことに
努めなくてはならない。
歌うのに適した時間や
遊ぶのに適した時間はいつで、
誰がいる前でそれをすべきか、
また、それをするのに場違いな場所はどこかも
心に留めておかなくてはならない。
周囲に軽蔑されることや、
自分で自分を軽蔑することのないように。

――エピクテトス『語録』(第4巻第12章16-17)

自分に適した行動は何か？

人に適した行動は、抱えている事情、役割、才能、性格によってそれぞれ異なる。ストイシズムの教えでは、**自分の役割やまわりとの関係を十分に踏まえる**、つまり自分が抱えている条件を念頭に置くことが、他者に評価され、自分を誇らしく思えるふるまいにつながるとされている。

1. あなたが担っている役割をすべて書き出そう。そのなかに、重複するものはあるか？　また、相反する役割はあるか？　あなたにとっていちばん重要な役割は、あなたの選択や行動をどう導いているか？　役割が決断に影響を与えた事例を1つ以上書こう。
2. あなたの行動が周囲にプラスの影響を与えた状況について書こう。それが書けたら、同じ行動をとっても反対の影響を与えたかもしれない状況について考えてみてほしい。結果を変えてしまうことになる条件にはどのようなものがあるだろうか？

78日目

手本を見つける

生き方、会話、魂が表れた顔つきに
納得がいく人を師に選び、
つねに自分の守護者として、
手本として思い描いていなさい。
自分の人格を管理するうえで、
拠(よ)りどころとなる人は絶対に必要だ。
定規を使わないかぎり、
曲がっているものは
決して真っ直ぐにならないのだから。

――セネカ『ルキリウスに宛てた道徳書簡集』（書簡11・10）

「あの人ならどうするか？」を考える

ストイシズムでは、手本となる存在が、よりよく生きるための型を与えてくれるとされている。

たとえば、どうしていいかわからないときは、「**自分が手本とする人なら同じ状況にどう対処するか？**」と自問するといい。

手本となる存在――ストイシズムを実践する人や美徳に満ちた生き方に努めている人――を想起すると、自分の信条に忠実でいられる。

1．これまでの人生で、公私を問わずあなたが手本とした人たちのことを思い返そう。いま現在、手本にしている人がいれば、その人も含む。あなたが手本とする人は、どのような美徳を発揮する人なのか？　その人たちの生き方は、周囲にどのような影響を与えているか？

2．いま現在、あなたが抱えている課題を1つ思い浮かべる。あなたが手本とする人なら、その課題にどう対処するだろうか？　その人が指針とするのはどの美徳か？　あなたが指針とするのはどの美徳か？

79日目

本当の意味で価値のあるもの

「ええ」と言ってあなたは続ける。

「ですが、狡猾な人のほうが多くを手にしている」

それはどういう面で?

「金銭において」

金銭面に関して狡猾な人があなたに勝っているのは、彼らはこびへつらい、恥知らずなことをし、夜も眠らず金銭を追い求めているからだ。

よって、それはいささかも驚くことではない。

目を向けるべきは、誠実さや思慮深さの面で彼らのほうが多くを手にしているかだ。

これらに関しては事情は変わってくるはずだ。

あなたのほうが勝っている部分では、あなたのほうが多くを手にしているのだから。


――エピクテトス『語録』(第3巻第17章2-3)

自分の「価値観」を守る

身勝手な人が世の中で成功しているのを目にすると、この世に正義など存在しないと思いたくなる。

だが、エピクテトスは視点を変えるよう促す。

欲に駆られて行動すると、本当の意味での価値がないもの（欲を満たす何か）を手にする代わりに、**本当の意味での価値があるもの（品性）**を失う。

それで失うものの大きさを思えば、自分の価値観に則した行動をとっていないと、夜もおちおち眠れなくなる。

1．あなたの物欲は、日常生活や意思決定にどのような影響を及ぼしているか？

2．実績、人気、富といった外的な何かより、品性を優先させた経験について書いてみよう。

80日目

喝采がなくとも誠実に

善良で優秀な人が
することは、
体裁のためではなく、
正しいことを
行うためだということを
知らないのか？

——エピクテトス『語録』（第3巻第24章50）

人目がないときこそ、正しく行動せよ

美徳にかなう行動は、多くの場合、誰も見ていないときにこそ行われる。エピクテトスをはじめとする偉大なストア哲学者たちは、正しい行いをすることはそれ自体に価値があり、たとえその場に喝采をくれる人がいなくても行うべきだと教えてくれる。

何かをして称賛を得たいという誘惑に駆られたときは、周囲を感心させるためや喜ばせるためではなく、**自分の品性を守るために行動する**というストイシズムの教えを思い出すといい。

美徳はそれ自体が報酬である。

1. わかってくれる人や感謝してくれる人がいなくても誠実な行動をとった人のなかから、あなたの手本とする人を一人選ぶ。その人物にそういう行動をとらせた価値観は何か？　あなたはその人のどういう部分に憧れを抱くか？
2. 称賛されて当然のことをしたのに誰にも気づかれなかったときのことを書こう。そのときあなたはどういう感情を抱いたか？　あなたをその行動に駆り立てた価値観はどういうものか？　また同じ行動をとる意志はあるか？

81日目

自分に運を与える

「幸運だ」というのは
自分で自分によい運を
与えたという意味で、
よい運とは、
魂のよい性質、よい感情、
よい行動のことだ。

――マルクス・アウレリウス『自省録』（第5巻37）

「幸運」は自分が決める

何か「よい」ことが起きないかと待ちわびるのではなく、自分自身でよいことを生み出して運を切り開け、というのがストイシズムの教えだ。

マルクス・アウレリウスにとっての「よい」は「美徳にかなう」と同義であり、美徳はそれ自体が報酬だと先に学んだ。

もっと言えば、**感情や行動に知恵を反映させる**ようにすると、人生に積極的になり、周囲のことを考えた建設的な行動が生まれる。

ストイシズムでは、「自分自身にどんな運命を与えるのか?」が重要な問いのひとつとされている。

1. あなたにとって、よい感情やよい行動と思えるものは何か? これから24時間のあいだに、そうしたポジティブなエネルギーが自分によい運をもたらすと感じた瞬間を書きとめよう。
2. あなたが取り組んでいることに関して、自分で運を切り開くために、今日できることを2つ見つけよう。また、心構えを変えることで、積極性は高まると思うか?

82日目

自分を導くものは何か?

自分自身を導く理性、
宇宙を導く理性、
隣人を導く理性を直ちに確かめよ。
自分自身の理性については、
正しいものにするために、
宇宙の理性については、
自分が何の一部であるかを再認識するために、
隣人の理性については、
それが無知か、知識にもとづいているものかを
理解するために、
そしてその理性が自分のそれと
同種のものであるということを考えるために。

——マルクス・アウレリウス『自省録』(第9巻22)

自分、宇宙、他者を理解する

マルクス・アウレリウスは、日課として確かめるべき対象を3つあげている。自分の思考、宇宙、自分を取り巻く人たちだ。

この3つはそれぞれ、論理学、自然学、倫理学という**ストイシズムが理解を促す3つの分野に呼応している。**

偉大なストア哲学者のような生き方を望むなら、3つすべての分野におけるあなたの選択と行動について吟味する時間を、忙しいなかでも設けてほしい。

1. 今日一日を振り返って、ものごとを明快かつ正確に理解するためにどのような努力をしたか考えてみよう。あなた自身の考え、態度、選択に、どのくらいの頻度で注意を向けただろうか？
2. 周囲にいる人に対し、どのように思いやりを示しているか？　また、「人は意図せず間違いを犯すものだ」とすぐに思い至れるようにするにはどうすればいいか？
3. あなた個人の経験と、人間全体の経験のどこにつながりを感じるか？

83日目

感謝の心を育てる

できるかぎり感謝の気持ちを
持つよう努めるべきだ。
他者に対する正義が
そうであるのと同様、
感謝は自分のためになる。
感謝はその大半が
自分に戻ってくる。
他者に利することをして、
利を得なかった人はいない。

――セネカ『ルキリウスに宛てた道徳書簡集』(書簡81・19)

感謝は「自分のため」になる

セネカによると、もっとも感謝の恩恵にあずかる人は、感謝の念を抱いた当人だという。感謝の気持ちとともに社会（や宇宙全体）と関係を築こうとすると、**充実感や幸福感が育まれる。**

新たな感謝のかたちを見つけるたびに、新たなつながりや満足を見つけられる可能性が生まれるのだ。

1. 音楽は、人の感情を揺さぶり、記憶を深く刻み込む。あなたが感謝の念をもっと強く感じたいと思う相手を二人決めて、感謝するときの「テーマソング」をそれぞれ選ぼう。そして、その歌のどういう部分に感謝する相手の素晴らしさが表れているかを書き出そう（その相手と会ったときは必ず、選んだ歌を頭のなかで流すこと！）。

2. 午前中に感謝の念を表明すると、その日はどんな一日になるか？　毎日そうすることに、何か不都合はあるか？

84日目

仲間に喜びを感じる

喜びを感じたいときは、
ともに生きている人たちの
美徳について考えるとよい。
たとえばある人の活動的なところ、
別の誰かの謙虚なところ、
第三の誰かの寛容なところ、
第四の誰かのよい性質というように。
ともに生きている人の日ごろの行いに
多くの美徳が見受けられることほど
喜ばしいことはなく、
それは多く見られれば見られるほどよい。
だからこそ、そうした美徳をつねに
心に留めておくようにしなければならない。

――マルクス・アウレリウス『自省録』（第6巻48）

まわりの人の「長所」に目を向ける

マルクス・アウレリウスは、自己中心的な思考を抑えるのに便利な方法を教えてくれる。

身近にいる人の美徳を喜び、さまざまな美徳を目にすることに楽しみを見出すのだ。**自分を取り巻く人たちの長所に目を向ける**ようにしていれば、感謝の気持ちが養われ、家庭やコミュニティの充足に向けた努力を惜しまなくなる。

1. 愛する人のことを思い浮かべたら、その人の内面でとりわけ優れている部分を3つあげ、心のなかで感謝を述べる。次に、それほど親しくない人を思い浮かべて、その人の長所について考える。そして、その人に感謝して友好の手を差し出している自分の姿を想像しよう。

2. 他者の優れているところについて思いを巡らすと、あなたの心構えにどのような変化が生まれるか？ その心構えになる機会を増やすにはどうすればいいだろう？

85日目

フローに入る

作業に夢中になって没頭する人は、
没頭する行為自体が大きな喜びとなる。
しかし、傑作が完成して
作業から手が離れたときに感じる喜びは、
それほど大きなものではない。
完成してしまえば、
楽しむ対象は芸術活動の成果となるが、
絵を描いているあいだは
芸術活動そのものを楽しんでいたのである。

——セネカ『ルキリウスに宛てた道徳書簡集』（書簡9・7）

「行動そのもの」に喜びを見出す

2000年以上も前に、セネカは現代で「フロー」と呼ばれる概念を見つけていた。フローとは、取り組んでいる作業に夢中になって完全に没頭している心理状態を表す。人生がアートだとすれば、**行動の一つひとつが自らの芸術表現**だと言える。注意の矛先を成果から引き離し、行動そのものに大きな喜びを見出すと、生きるという創造的なプロセスに深く没頭できるようになる。

1．自分の人生をかたちづくる芸術家として、最高に幸せな瞬間はどういうときか。あなたがこれまでにフロー状態になったときのことを書こう。

2．あなたが過ごす一日のことを、次に創造する新たな作品だと想像してみてほしい。起床する、歯を磨く、出社するといった一つひとつの行動に気持ちよく専念するにはどうすればよいか？

86日目

間違いから十分に学ぶ

では、どうすればよいのか？
過ち（あやま）から完全に解放されることは
可能なのか？
いや、それは不可能だが、
つねに過ちの回避に努めることならできる。
つまり、注意を絶対に怠らないことで
数回でも過ちを避けることができれば、
それで満足しなければならないのだ。

――エピクテトス『語録』（第4巻第12章19）

「最善」を目指し続ける

エピクテトスは、すべてにおいて完全な人にはなれないとしても、最善を目指し続けることによって目標に近づいていけると諭している。

知恵や美徳が完成することはありえないが、だからといって、それらの完成を目指すことは無意味ではない。

結局は、注意（意識して自分の欠点に目を向ける）と意志（自分の良識を磨く）にかかっている。

欠点に注意を向けて完璧に近づく努力を積極的に重ねていれば、人間の欠点を最大限に生かす正しい道を進んでいると言える。

1．最近犯した失敗のことを1分で書く。そして書いたものを読み返したら、今度は自分にもっと味方をする視点からそのときの状況を見つめ直し、その失敗についてあらためて書こう。

2．あなたが失敗したときのことを思い返してみてほしい。その失敗から立ち直るのは大変だったか？　その状況や、この先似たような失敗をしでかしたときに役立つ美徳を1つあげよう。

87日目

やりすぎない

哲学が提唱するのは
質素な生活であり、苦行ではない。
また、質素でありながら
きちんとした生活を営むことは
十分に可能だ。
これがわたしが認める中庸だ。
人生は、聖人の生き方と世間一般の生き方の
ちょうどいい中間をとるべきだ。
誰もが称賛し、
理解もできる生き方をするべきだ。

——セネカ『ルキリウスに宛てた道徳書簡集』（書簡5・5）

無理をして燃え尽きるな

自分のためになりそうな新しい生き方が見つかると、夢中で飛びついてその通りにしたくなる。

だがセネカは、たとえ賢明で健全な生き方を追求しているときであっても、中庸を行けと忠告する。

やりすぎることで、**燃え尽きたり、独善的になってはいけない**。私たちが目標とするストイックな生き方は、「知恵、正義、勇気、節制」とともに生きていけるようになることであり、同じようにしたいと周囲に思わせる生き方だ。

聖人のように、それでいて聖人のような人たちだけで孤立せずに生きていくことを目指してほしい。

1．セネカの言う「質素な生活であり、苦行ではない」とはどういう意味か？　あなたの生き方のなかで、「シンプルで本質的な生き方」と「不必要な自制」の境界はあるか？

2．日々の責務を果たしつつ、ストイシズムの美徳に満ちた生き方を実践するにはどうすればいいか？　あなたにとっての最適なバランスはどういうものか？

88日目

魂を静養させる

人は田舎や海辺、山に引きこもって
静養したいと思うものだ。
あなたもそのような欲求を強く抱いている。
だがそれは、ごく凡庸であることの表れだ。
なにしろ人は、
好きなときに自分自身のなかに
引きこもることができるのだから。
自分の魂のなか以上に、
静かに引きこもれる場所や、
揉めごとから解放される場所はない。
……よって、そういう静養を
つねに自分自身に与え、元気を取り戻すといい。

——マルクス・アウレリウス『自省録』（第4巻3）

本当に心が休まる時間とは？

現代的な生活のなかで日々忙しく働いている私たちは、休暇をとりさえすれば問題はすべて解決すると考えがちだ。

たしかに、思索のための余暇はストイシズムに不可欠な要素だが、マルクス・アウレリウスは、**リラックスを目的とした時間と自分自身からの逃避は同じではない**と諭す。

ストイシズムにおけるもっとも効果的な静養は、己の内側に潜り、魂の奥深くを見つめることなのだ。

1．目を閉じて、自分自身の穏やかな内面で静養しているところを想像してみよう。そこで何を見て、どんなことを体験するかを詳細に記す。また、静養中はどのような精神状態になっているだろうか？

2．ストレスを感じているとき、あなたの内面に平静を取り戻すために役立つ美徳は何か？　ストレス下でその美徳を呼び起こすには、どのような条件を整える必要があるか？

89日目

反省を習慣にする

わたしは自分の前で今日という日を振り返り、
自分が口にしたことや行ったことを
すべて思い起こす。
何ひとつ隠さず、何ひとつ省かない。
自分の至らなさを恐れる理由などない。
「今回は許す。同じ過ちは二度と繰り返さない」
と自分で口にすることができるのだから。

——セネカ『怒りについて』(第3巻第36章3-4)

自分の「足りないところ」を直視する

セネカがストア哲学者と呼んだセクスティウスは、一日の終わりにきまって3つの問いを自問した。それは、「今日はどんな悪癖を直したか?」「どんな欠点に抗(あらが)ったか?」「どの点でよりよくなったか?」というものだ。

セネカもこれらを就寝時に自問することを日課とし、臆せず正直に答えることを心がけた。セネカにとっては、**問いかけの内容より、いかに真実を答えられるかのほうが重要**だった。結局のところ、この世のすべてのことにどう反応するかを自分で決められるのであれば、恐れることは何もないはずだ。

1. 就寝時の儀式として、自問して答えを記録する問いを3つ考えよう。たとえば、「今日、自分がうまくできたことは何か?」「今日、改善できたはずのことを1つあげるとしたら何か?」「明日は何をどう改善するか?」など。この3つでよければ、そのままあなたの問いにすればよい。
2. 自分を責めるのをやめて、自分を思いやる方法を3つあげる。そしてその思いやりを周囲の人たちにも広げて、彼らの人生をよりよくするためにできることがないか考えよう。

90日目

内面の泉を掘り続ける

自分の内側に目を向けよ。
内側は善の泉であり、
あなたが
つねに掘るなら、
それはつねに
湧き出るだろう。

――マルクス・アウレリウス『自省録』(第7巻59)

「自分のなか」にあるもの

幸福、充実感、自由は、どれも自分の内側に目を向けたら得られるものだ。しかも、**それらの供給に終わりはない**。周囲で何が起きたとしても、自分の内側に蓄えている知恵や受け入れる力は活用できる。

その活用は簡単ではなく、一夜にしてできるようにはならない。だが、内面を磨くよう絶えず努力を重ねていれば、いずれ、自分のなかにある美徳や満足は尽きることがないとわかるはずだ。

1. 困難なときに活用できる「あなたの内面に蓄えているもの」のリストを作成する。今日、それらを積極的に日常生活に生かすには、どうすればいいか?
2. 本書を通じてあなたが書いたノートに目を通し、どれか1つの記録を破り捨てて、完全に消去する。次に、やる気を出したり責任感を保つために、あとから読み返したい記録を1つ選び、ページの端を折る。ストイシズムではつねに、執着を捨てることと意志を貫くことのバランスを意識する必要がある。

最後に

これにて90日間のプログラムは終了だ。

いよいよ、心の平静と充足を目指す生涯の旅が始まった（すでに旅を始めていた人は、このプログラムを通じてより深い旅路に踏み込んだことになる）。

思考して言葉にするのは骨が折れる作業だが、あなたは見事にやり遂げた。ストイシズムを一貫して実践したおかげで、その心理的なメリットのいくつかを体感できたと思う。

たとえば、何をするときにもそれをする目的を意識し、何ごとも広い心で受け入れ、他者を思いやる心を持ち、自らの意志を貫くことの意味を強く実感することができたはずだ。

プログラムが終了したからといってこれで終わりではない。ここからが新たな始まりだと思ってほしい。

あなたの成功に必要なものは、すべて手に入れた。
土を耕し、人生の知恵と充実を得るための種を蒔(ま)くところまでは完了した。
あとは、あなたがその種をどう育てるかにかかっている。

謝辞

本書の刊行の実現に協力してくれたすべての人に心からの感謝を捧げる。プロとしての専門知識や鋭い意見を提供してくれた、ツァイトガイストのエネルギッシュなチームのみなさん（とくにエリン・ネルソン）、有益なアドバイスをくれたクリス・ジル（本書に限らず別のプロジェクトでも助けてもらっている）、いつも熱心に応援してくれる私の家族。それから、私に知恵やひらめきを授けてくれた、友人やストイシズム関係の盟友たち。本当にありがとう。

この本は、古代のストイシズムだけでなく、現代のストイシズムと現代で美徳に満ちた人生を追求するすべての人から着想を得て生まれた。

参考文献

Aurelius, Marcus. *Meditations*. Translated by George Long. London: Blackie & Son, 1910.

Epictetus. *"The Discourses" as Reported by Arrian, "The Manual," and "Fragments."* Translated by William Abbott Oldfather. Cambridge and London: Harvard University Press/Heinemann, 1926.

Laërtius, Diogenes. *The Lives and Opinions of Eminent Philosophers*. Translated by C.D. Yonge. London: George Bell and Sons, 1905.

Seneca, Lucius Annaeus. *Moral Letters to Lucilius*. Translated by Richard Mott Gummere. London and New York: Heinemann/G. P. Putnam's Sons, 1917–25.

Seneca, Lucius Annaeus. "*The Natural Questions* of L. Annaeus Seneca Addressed to Lucilius." In *Physical Science in the Time of Nero: Being a Translation of the "Quaestiones Naturales" of Seneca*, translated by John Clarke. London: Macmillan, 1910.

Seneca, Lucius Annaeus. *Of a Happy Life*. In *Minor Dialogues Together with the Dialogue "On Clemency,"* translated by Aubrey Stewart. London: George Bell and Sons, 1900.

Seneca, Lucius Annaeus. *Of Anger*. In *Minor Dialogues Together with the Dialogue "On Clemency,"* translated by Aubrey Stewart. London: George Bell and Sons, 1900.

Seneca, Lucius Annaeus. *Of Consolation: To Polybius*. In *Minor Dialogues Together with the Dialogue "On Clemency,"* translated by Aubrey Stewart. London: George Bell and Sons, 1900.

Seneca, Lucius Annaeus. *Of Peace of Mind*. In *Minor Dialogues Together with the Dialogue "On Clemency,"* translated by Aubrey Stewart. London: George Bell and Sons, 1900.

Seneca, Lucius Annaeus. *Of Providence*. In *Minor Dialogues Together with the Dialogue "On Clemency,"* translated by Aubrey Stewart. London: George Bell and Sons, 1900.

Seneca, Lucius Annaeus. *On the Shortness of Life*. Translated by John W. Basore. London: Heinemann, 1932.

［著者］
ブリタニー・ポラット（Brittany Polat, PhD）
ストイシズム研究者。ストイシズムの原則を推進する非営利団体ストイケアの共同設立者。ストイシズムの理念を広める非営利団体モダンストイシズムの運営委員、ストイックフェローシップの理事も務める。応用言語学博士。ストイックな生き方の原則を90日プログラムに落とし込んだ本書は、「毎日の指示が成長の道を歩むための忍耐を促してくれる」「集中した心と整理された一日を手に入れるための貴重なロードマップ」などと絶賛されている。ストイシズムについての他の著書に、『Stoic Ethics: The Basics』（クリストファー・ギルとの共著）、『Tranquility Parenting』などがある。

［訳者］
花塚恵（はなつか・めぐみ）
翻訳家。福井県福井市生まれ。英国サリー大学卒業。英語講師、企業内翻訳者を経て現職。主な訳書に『思考の穴』『脳が認める勉強法』『SLEEP 最高の脳と身体をつくる睡眠の技術』（いずれもダイヤモンド社）、『最後は言い方』（東洋経済新報社）、『THE POP-UP PITCH 最も シンプルな心をつかむプレゼン』（かんき出版）などがある。

STOIC 人生の教科書ストイシズム

2024年11月26日　第1刷発行
2025年8月1日　第6刷発行

著　者――ブリタニー・ポラット
訳　者――花塚恵
発行所――ダイヤモンド社
〒150-8409　東京都渋谷区神宮前6-12-17
https://www.diamond.co.jp/
電話／03･5778･7233（編集）　03･5778･7240（販売）
ブックデザイン―小口翔平＋畑中茜＋神田つぐみ（tobufune）
本文DTP――キャップス
校正――LIBERO
製作進行――ダイヤモンド・グラフィック社
印刷――勇進印刷
製本――ブックアート
編集担当――三浦岳

ISBN 978-4-478-11967-9